SERIES OF STUDIES
ON
CHINESE
CONFUCIUS
TEMPLES

中国文庙研究丛书

总　主　编　周洪宇

副总主编　赵国权

国家出版基金项目
NATIONAL PUBLICATION FOUNDATION

A
STUDY
ON
NANNING
CONFUCIUS
TEMPLE

南宁文庙研究

蓝日模 著

山东教育出版社
·济南·

总　序

　　德国哲学家雅斯贝尔斯在其所著《历史的起源与目标》一书中，曾提出人类文明的"轴心时代"这一命题，即在公元前 500 年左右，古希腊、以色列、中国和印度，都处在人类文明的重大突破期，都出现了伟大的精神导师，诸如古希腊的苏格拉底、柏拉图、亚里士多德，以色列的犹太教先知们，古印度的释迦牟尼，中国的孔子、老子等，他们的思想一直影响至今。但相比较而言，孔子更具有代表性，其所创立的儒家思想不仅影响中国社会两千多年而从未中断过，且被后世创造性地转化为物质载体即文庙。如同"四书五经"一样，文庙在儒学传承中扮演着不可或缺的角色。尤其是文庙与官学或书院融合后，形成了中国历史及儒学文化史上特有的"庙学合一"或"庙学""学庙"现象，也使得文庙作为儒家文化的标志性符号，以其独特的精神特质深刻影响着中国的政治生态、社会生态、文化生态和教育生态，还辐射到周边及欧美不少国家和地区，至今仍彰显其强大的生命力，成为国内外学术界热议不休的历史"活化石"。

壹

据史料记载，主祀孔子的庙宇有文庙、孔庙、学庙、庙学、学宫以及宣圣庙、至圣庙、夫子庙、先师庙、先师殿、大成殿、礼殿、燕居堂、中和堂等不同的称呼，然最流行、最常用的就是文庙和孔庙，因而一些权威的大型工具书在对文庙、孔庙加以解读时，不同程度地认同文庙即孔庙、孔庙即文庙。如商务印书馆修订本《辞源》解释说，孔庙在"明清时也叫文庙"，文庙即孔子庙，"元明以后通称文庙"。[①]顾明远主编的《教育大辞典》认为，孔庙"亦称文庙"，文庙"即孔庙……元以后多称文庙"。[②]近人的学术论著中也多持此意见，这主要是基于对主祀孔子这一历史存在的认同。

"文庙"一词，较早见于《南齐书》。齐高帝时的尚书右仆射王俭，针对明堂与郊祀之礼，曾引用《郑志》中赵商与郑玄的一番对话，赵商问曰："说者谓天子庙制如明堂，是为明堂即文庙邪？"[③]《新唐书》中又有"汉孝惠、孝景、孝宣令郡国诸侯立高祖、文、武庙"[④]的记载。汉惠帝刘盈乃刘邦之子，西汉第二位帝王。可见，在西汉初年就有文庙的称呼，只是此时的文庙与孔子及其被封为"文宣王"没有必然联系。

在古汉语中，"文"与"武"是相对的一组概念。按古制，凡有功于社稷的文臣武官，均可设庙祠以祀。如主祀姜子牙的武成庙、主祀岳飞的岳飞庙、主祀关羽的关帝庙等，都属于"武庙"。而主祀姬旦的周公庙、主祀孔子的孔庙、主祀孟子的孟庙、主祀颜回的颜庙、主祀子思的子思庙、主祀曾参的曾子庙，以及孟子游梁祠、子贡祠、武侯祠、包公祠、范

① 商务印书馆编辑部编：《辞源》，商务印书馆 1979 年版，第 778、1362 页。

② 顾明远主编：《教育大辞典》第 8 卷，上海教育出版社 1991 年版，第 152 页。

③《南齐书·礼上》。

④《新唐书·高郢传》。

公祠等，都属于文庙。且武庙与文庙各有其配享及乐舞礼制，如《宋书》所载，曹魏时期"制《武始》舞武庙，制《咸熙》舞文庙"①。尤其是自唐宋以后，各地既建文庙又建武庙。因此，广义上的文庙，是一种与武庙相对的、主祀有功文臣或先儒先贤的礼制性建筑，体现出历朝历代"文治"的政治意图，负载有"价值判断和意识形态韵味"②，属于文化史学研究的范畴。而狭义上的文庙，则单指主祀孔子的礼制性建筑，亦即孔庙，也就是本丛书所论及的文庙。

就狭义上的文庙来说，史料及后世文献多以孔庙相称，明清尤甚。这是因为孔子乃"文道"之奠基者。自汉初始统治者就开始推崇孔子及其创立的儒学，汉高祖刘邦路过曲阜时还"以太牢祠焉"③。汉武帝"独尊儒术"后，儒学便一跃成为官方哲学，在其后上千年的发展历程中，孔子犹如道教尊老子、佛教尊释迦牟尼一样被推上神坛，或被追封为"文宣王"，或被奉为"万世师表"，主祀孔子的礼制性建筑文庙也逐步遍设于京师及全国各地。

按所承载的功能，文庙可以分为四类：

一是国庙。这是由帝王代表国家祭拜孔子的礼制性建筑，主要是设于京师的皇家孔庙。曲阜孔庙在京师未设孔庙之前曾一度扮演国庙的角色。

二是家庙。家庙是孔子家族的宗庙，如曲阜孔庙、浙江衢州孔庙以及河南郏县文庙（既是家庙又是学庙）等。

三是学庙。因庙设学、因学设庙或庙学同建，形成"庙学合一"的格局，具体是指与各级官学及书院直接相关的主祀孔子的庙宇，因而也多被称为"庙学"。明清时期多被称为文庙，如上海文庙、苏州文庙、郑州文庙等。还有被称为学宫的，如广东的番禺学宫、海南的文昌学宫等。此类文庙数量庞大，除

①《宋书·乐一》。
②〔英〕海伍德《政治学核心概念》吴勇译，天津人民出版社2008年版，第4页。
③《史记·孔子世家》。

少量的国庙、家庙、村庙外，其余的全部是学庙。

四是村庙。凡是学庙普及不到的边远地区，地方官员为推崇弘扬儒学、满足民众对圣人孔子的崇拜和对儒家文化信仰的需求，便在人口聚集区的村镇设孔庙奉祀孔子及有功于儒学的先儒先贤，可称之为"村庙"。如福建连城县培田村有一处清乾隆四十四年（1779 年）所建的"文武庙"，文庙和武庙建在一栋两层阁楼内，下层武庙祀关羽，上层文庙祀孔子。在中原一带，多有因孔子圣迹所到之处而建的纪念性孔庙，如河南永城的芒砀山夫子庙是为纪念孔子在此避雨晒书而建的，河南淮阳的弦歌台为纪念孔子在此绝粮依然"弦歌不衰"而建（附有书院，亦为学庙）等。村庙数量不多、规模不大、建制不一，但与其他文庙一样承载着传承儒学与社会教化的功能。

贰

文庙起始于何时，学术界众说纷纭，或言早至春秋，或曰晚至唐朝。但无论始于何时，它总有一个产生、发展及演变的过程，其历史积淀也足以占据儒学发展的半壁江山。

文庙的雏形当从曲阜因宅设庙始，即孔子去世后，其居室由后人奉为庙，"故所居堂、弟子内，后世因庙，藏孔子平生衣、冠、琴、车、书"，且在孔子冢祭奉孔子，"鲁世世相传，以岁时奉祠孔子冢，而诸儒亦讲礼、乡饮、大射于孔子冢"。[1]此时的曲阜孔庙虽属家庙性质，并非严格意义上的礼制性庙宇，孔子冢之学亦属私学，且孔庙与孔子冢不在一处，但毕竟是主祀孔子，又兼有私学活动，可称之为文庙雏形，实开文庙建制之先河。

[1]《史记·孔子世家》。

文庙与政治结缘、与官学融合，可追溯到东汉时期蜀郡重修的文翁石室（即蜀郡郡学）中的"周公礼殿"。据史载："蜀儒文章冠天下，其学校之盛，汉称石室、礼殿，近世则石九经，今皆存焉。"①可以说，蜀郡郡学中的周公礼殿实乃"中国古代庙学合一的最早范本"，"曲阜之外中国所建最早祭祀周公、孔子的机构"。②但这只是地方政府行为，尚未在全国实施，更是主祀周公，并非孔子。自汉武帝"独尊儒术"后，统治者把尊孔崇儒提到国家治理的高度，开始加封孔子及其后裔。永平二年（59 年），汉明帝更是诏令郡县学校皆祀周公、孔子。这是首次以中央诏令的形式祭祀周公、孔子。

魏晋南北朝虽王朝更替频繁，加之佛道及玄学的冲击，但统治者的尊孔崇儒政策没有弱化，文庙礼制建设多有成就。如曹丕于黄初二年（221 年）下令，"鲁郡修起旧庙，置百户吏卒以守卫之，又于其外广为室屋以居学者"③，还要求各地修葺孔庙，重开祀孔之制。东晋时在国子学"增造庙屋一百五十五间"④。北魏太武帝时"起太学于城东，祀孔子，以颜渊配"⑤，开创中央国学祭孔之制；孝文帝不仅在国都平城（今山西大同）创建孔子庙，开国都孔庙之先河，还下诏规范祭孔礼制，要求"自今已后，有祭孔子庙，制用酒脯而已"⑥等。

隋唐时期重新确立儒学及孔子的政治地位，文庙进一步规范化和制度化。唐高祖李渊于武德二年（619 年）下诏在国子学中立周公、孔子庙，四时致祭。唐太宗李世民下令停祭周公，开国学文庙主祀孔子之先例；贞观二十一年（647 年）开始确立追祀先贤先儒的制度，是年唐太宗下诏，以左丘明等二十二人配享文庙。开元八年（720 年）唐玄宗下诏，以颜回等十哲从祀孔子，并塑为坐像；开元二十七年（739

①［宋］席益《府学石经堂图籍记》见［宋］程遇孙等编《成都文类》卷 30，文渊阁四库全书本。
②舒大刚、任利荣：《"庙学合一"：成都汉文翁石室"周公礼殿"考》载《四川大学学报（哲学社会科学版）》2014 年第 5 期。
③《三国志·魏书二·文帝纪第二》。
④《宋书·礼一》。
⑤《魏书·世祖纪上》。
⑥《魏书·高祖纪上》。

年）追谥孔子为文宣王，追赠颜回为兖国公，其余九哲弟子皆为侯，另追赠曾参以下七十三人为伯，孔子自此开始被称"王"。自唐以来，庙学合一进程逐步推进，庙学之制更加完备，史载"唐开元间，定孔子为先圣庙，而衮冕南面，每岁春秋祀焉，由是庙学之礼益备，凡有学者必有庙，示其尊也"[1]。

宋元时期，文庙设置更为普遍，"宋兴，崇尚文治，吾夫子之祀遍天下"[2]。不仅是官学，还有自宋朝日益兴起的书院内也必崇祀孔子，"每个书院必塑有孔子及十哲的肖像，甚至图画七十二贤一同配享"[3]。尤其是北宋至和二年（1055年），宋仁宗开加封孔子嫡长子孙"衍圣公"的先例；南宋绍兴十年（1140年），宋高宗诏令"以释奠文宣王为大祀"[4]，即规定祭祀孔子的礼仪与祭祀社稷的大礼相同，均为国家级的重大祀典。至元朝，元武宗加封孔子为"大成至圣文宣王"[5]；至明朝嘉靖年间，历经数百年的"孟子升格运动"，儒学的重要传承人孟子被正式封为"亚圣"。在此情况下，文庙遍及全国各地，"郡县有学，学必有庙"[6]。

明清时期，"文庙"这一称呼开始被广泛使用。朱元璋即位后，改称孔子为"先师"，洪武元年便"以太牢祀先师孔子于国学"[7]，还"诏天下通祀孔子"[8]。明永乐八年（1410年），不仅"令天下文庙圣贤衣冠绘塑不合古制者悉改正"[9]，且改学校先师庙为"文庙"，自此"文庙"之名盛行天下。至明末，全国各地所建文庙多达1560所。[10]清初，康熙帝亲笔御书"万世师表"匾额悬于文庙大成殿，这是历史上首次称颂孔子为"万世师表"，表达出统治者对孔子及儒学的敬仰之情，也昭示出儒学的文化力量。至清末，文庙增至1740多所。[11]

---

[1] 吴澄：《崇仁县孔子庙碑》，见《吴文正公集》卷15，台北新文丰出版公司1985年版。

[2] ［南宋］陈宜中：《学道书院记》，见《苏州府志》卷26，清光绪九年刊本。

[3] 陈青之：《中国教育史》，商务印书馆1936年版，第195页。

[4] 《宋史·高宗六》。

[5] 《元史·武宗一》。

[6] ［清］阮元：《两浙金石志·杭州路重建庙学之碑》。

[7] 《明史·太祖二》。

[8] 《明史·太祖三》。

[9] 《明会典·卷八十四》。

[10] 王贵祥：《明代不同等级儒学孔庙建筑制度探》，载《中国建筑史论汇刊》2012年第2期。

[11] 刘新：《儒家建筑文庙》，中国建筑工业出版社2013年版，第18页。

清末开办新式学堂后，庙学开始分离，文庙由以往的祭祀与教学两大主要功能蜕变为单一的祭祀功能，没有了"官学"这一光环，其维修和保护自然会受到一些影响；但不能否认其大教育功能的存在，那就是继续承担着社会教化的重任，且依然是广大士子心仪向往的神圣殿堂。虽经风风雨雨，仍有不少的文庙得以较好或部分地保存下来。改革开放后，文庙作为优秀传统文化的重要组成部分而受到普遍关注，其资源的开发和利用也被提到日程上来，文庙发展又迎来了一个新的春天。据国家文物局《文庙、书院等儒家遗产保护利用现状调研报告》（内部资料）统计，截至 2016 年底，除内蒙古、西藏、宁夏及台湾、香港、澳门外，共有 327 处文庙列入省级重点文物保护单位和全国重点文物保护单位名录，其中国保级文庙为 108 处。此外，日本、韩国、越南等周边国家也有近 100 处文庙。可以说，文庙立足本土，辐射周边，形成足以和佛寺、道观相媲美的"儒庙景观"。

叁

自文庙登上中国历史的舞台，便开始发挥其独特的多元功能，影响到中国的政治生态、文化生态及教育生态。

毫无疑问，文庙的强势缘于与政治生活的结合。自西汉确立以儒治国后，魏晋至明清皆秉承儒治政统，不断提高孔子及儒学的地位，称孔子为"人伦之表"，称儒学为"帝道之纲"，为此不断地完善庙祀孔子的礼仪制度。期间，儒学确实遭受过不同学术流派的冲击，但因儒学自身的包容性与再生力，以及与政治生活的紧密联系，它在博弈中始终占据着权力的中心位置。历代各地文庙正是在这一儒化的背景下得以建造的，反过来又对政治生态起到一种固化作用。诸如每当因社会剧烈震荡带来道德秩序的破坏、所谓"不孝不悌之事，频见词诉"①之时，统治者都毅然决然地动用儒学来拯救社会道德的缺失。每当基业稳定之际，统治者又会诏令修建文庙以传承儒学，并利用文庙祭孔活动来"宣德化""正人心"。总之，要让"君君、臣臣、父父、子子"等伦理观念根植于官员及民众心中，杜绝一切"僭越"行为，借以维系和谐的政治生态。

基于与政治生活的结缘，文庙在一定程度上成为以儒学为主体的中国传统文化反映在现实中的物化形式。这一被物化的建筑群，与"四书五经"一样，具有同等重要的文化传承价值。如果说"四书五经"借助文本来传承儒家文化的话，那么文庙则是借助建筑、礼仪等起到文化传承的作用。诸如按照礼制，文庙建筑分别有九进、七进、五进、三进院落等，常与官学毗邻，庙中有学、学中有庙等，将古代的庙宇性建筑文化传承至今。又如文庙的祭祀活动，从供奉人物的选择、座序排列到祭祀时的祭器、祭品、礼服、礼仪、音乐、舞蹈等，无不在制造一定的场境和氛围，引发民众对儒学文化的认同，从而形成特有的文化基因和精神特质，以至祭祀文化代代相传，生生不息。

基于文庙与官学或书院的结缘，文庙的设施及祭祀活动又有"风励士子"的强大教化功能，足以使在读学子形成对师道和学业的敬畏感。这是因为文庙中的受祀对象，已成为道德、道统、学统的象征，是言谈举止、待人接物的标杆，更是一种精神文化的符号。那么在文庙内祭拜这些先圣先贤，足以"使天下之士观感奋兴，肃然生其敬畏之心，油然动其效法之念"②，亦即通过"营造出一种庄严肃穆的场景，使人们对先圣先师

① [南宋] 徐元杰：《延平郡学及书院诸学榜》，见《梅野集》卷11，文渊阁四库全书本。
② [清] 庞钟璐：《缮写成帙恭呈御览仰祈》，见《文庙祀典考》卷50，清光绪戊寅家藏本。

先贤等供祀对象的崇敬之情升华为一种神圣的体验"[1]。正是这种庄严肃穆的文化场景,使得诸生在先圣先贤像前"穆然而志专,徘徊乐之,不忍去也"[2]。从"穆然"到"乐之"再到"不忍去",足见谒祠之举对在院生徒的感染力之大。更使得"自为童子时"的文天祥,看到文庙中还奉祀乡贤先儒欧阳修、杨邦乂、胡铨等塑像,且"皆谥忠",欣然慕之曰:"没不俎豆其间,非夫也。"[3]如此,一代代学子带着对师道和学业的敬畏,去追逐"希圣希贤"的人生理想,最终实现"传道济民"的处世目标,这也是"庙学合一"价值的最好体现。

肆

正因为有如此多元的价值及功能,文庙才能在庙学分离后艰难地生存下来,后来者才能继续守望着中华优秀传统文化这块沃土而不至于断裂或丢失。改革开放以来,国家更加重视保护和弘扬中华优秀传统文化,文庙作为儒家文化的载体自然迎来了难得的发展机遇。曲阜孔庙的祭孔活动以往由民间团体主持,从2004年起转而由地方政府主办,2007年又上升到由山东省政府与教育部、文化部等联合主办,由此带动了各地文庙的官方"祭孔"活动;越来越多的文庙遗存被列为全国重点文物保护单位,同时带动了全国各地对文庙遗存的修复和保护工作。党的十八大报告明确指出"文化是民族的血脉,是人民的精神家园",并基于对优秀传统文化营养的汲取,提出了"二十四字"的社会主义核心价值观。2014年五四青年节当日,习近平总书记在与北京大学师生座谈时指出,中华优秀传统文化已经成为中华民族的基因,植根在中国人内心,影响着中国人的思维方式和行为方式,今天,

[1] 肖永明、唐亚阳:《书院祭祀的教育及社会教化功能》,载《湖南大学学报(社会科学版)》2005年第3期。
[2] [南宋]陈傅良:《潭州重修岳麓书院记》,见《止斋集》卷39,文渊阁四库全书本。
[3] 《宋史·文天祥传》。

我们提倡和弘扬社会主义核心价值观，必须从中汲取丰富营养，否则就不会有生命力和影响力。2017 年 1 月，中共中央办公厅、国务院办公厅印发《关于实施中华优秀传统文化传承发展工程的意见》。该意见指出，在五千多年文明发展史中孕育的中华优秀传统文化，积淀着中华民族最深沉的精神追求，代表着中华民族独特的精神标识，是中华民族生生不息、发展壮大的丰厚滋养，是中国特色社会主义植根的文化沃土，是当代中国发展的突出优势，对延续和发展中华文明、促进人类文明进步，发挥着重要作用。同时，该意见从重要意义、总体要求、主要内容、重点任务、组织实施和保障措施等方面予以战略性、全局性部署。党的十九大报告中，同样强调"文化是一个国家、一个民族的灵魂。文化兴国运兴，文化强民族强。没有高度的文化自信，没有文化的繁荣兴盛，就没有中华民族伟大复兴"，"中国特色社会主义文化，源自于中华民族五千多年文明历史所孕育的中华优秀传统文化"，在新时代传承与弘扬优秀传统文化，必须"创造性转化、创新性发展"。那么，文庙作为传播儒学的主阵地，理应成为培育和践行社会主义核心价值观的重要文化阵地。事实上，已有部分文庙积极开展国学教育普及活动，如举办成人礼、开笔礼、拜师礼等，取得明显效果。

但在现实中，文庙的发展还面临诸多问题或难题。有些地方政府文物保护意识淡薄，有部分文庙遗存得不到正常的维修和保护；部分得到保护的文庙，其蕴藏的多元功能尚未得到有效发挥，甚至存在过于功利化的倾向；部分文庙设施及祭祀活动不合礼制，存在一系列具体问题，比如祭祀日应是生日还是卒日、受祀对象只是孔子还是分层次进行、每年各地文庙是同时祭祀还是"各自为政"、祭文是年年都写还是规范统一，以及在东西两庑及乡贤祠、名宦祠中是否可以续增一些新儒学代表人物等问题。要根本解决文庙发展中的问题，有待于对文庙的深入系统研究。

伍

自从文庙问世后，就有不少学者从不同的角度、用不同的方式，对文庙的建制、布局、祭祀、教化等问题做过不同程度的思考和论述。自明清以来，在举国编著大型丛书、类书的驱动下，大批学者开始对文庙的各种资料进行梳理、研究和汇编。如《明史·艺文志》就载有潘峦的《文庙乐编》、何栋如的《文庙雅乐考》、黄居中的《文庙礼乐志》、瞿九思的《孔庙礼乐考》；《清史稿·艺文志》载有阎若璩的《孔庙从祀末议》、庞钟璐的《文庙祀典考》、蓝锡瑞的《醴陵县文庙丁祭谱》、郎廷极的《文庙从祀先贤先儒考》等。此外，还有陈锦的《文庙从祀位次考》、张偀的《文庙贤儒功德录》、金之植的《文庙礼乐考》、牛树梅的《文庙通考》以及民国时期孙树义的《文庙续通考》等。这些成果对文庙的发展流变、建筑形制、祭祀礼仪及从祀制度等都做了系统考辨。改革开放以来，随着国家对优秀传统文化传承的重视及文化遗存保护力度的加强，文庙研究呈现出良好的发展态势，先后出版多部有代表性的学术著作，诸如范小平的《中国孔庙》（2004）、陈传平主编的《世界孔庙》（2004）、刘亚伟的《远去的历史场景：祀孔大典与孔庙》（2009）、孔祥林等的《世界孔子庙研究》（2011）、彭蓉的《中国孔庙建筑与环境》（2011）、董喜宁的《孔庙祭祀研究》（2014）、朱鸿林的《孔庙从祀与乡约》（2014）等。这些学术成果从历史学、建筑学、考古学、美学等多学科多维度对文庙进行了系统性、综合性思考与研究。但在文庙理论的提升、文庙精神的挖掘、文庙文化的传播、新时代文庙如何保护利用等问题上，还需要我们进一步去思考、去探索。

本套"中国文庙研究丛书"以马克思主义唯物史观和方法论为指导，以全球视野、中国立场、问题意识、实践导向为基本价值取向，坚持历史与逻辑相一致、宏观与微观相统一、本土与域外相参照、理论与实际相结合的基本原则，充分运用历史法、文献法、比较法以及田野调查、计量分析、文本叙事、图像佐证等研究方法，从选址布局、建筑特色、祭祀礼制、教化活动、文化传承等多个维度，对各地有代表性的文庙逐一进行微观分析和深度描述，使其成为介于学术性和普及性之间的一套文庙研究丛书。纳入丛书第一辑的有十二部研究专著，分别是《曲阜孔庙研究》《西安文庙研究》《上海文庙研究》《郑州文庙研究》《太原文庙研究》《苏州文庙研究》《南宁文庙研究》《济南府学文庙研究》《宁远文庙研究》《定州文庙研究》《建水文庙研究》《正定文庙研究》，其他有代表性的文庙也正在研究之中。在此基础上，我们后续会进行历代文庙史料搜集与整理以及文庙专题研究、文庙通史研究等，努力使"文庙学"成为一门专门学问。同时，也期待有更多的文庙爱好者加入文庙研究队伍，通过深入系的研究以及多种形式的学术交流活动，让中国的文庙文化走向世界，让世界了解中国的文庙文化。

周洪宇

2020年12月

目录

05 > 南宁文庙的礼仪与礼制

09 > 新时代南宁文庙的发展

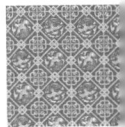

广西文庙始建于隋朝，隋唐时期有文庙11所，宋代在今广西境内共设置府学、州学、县学41所①，明清达到鼎盛，共有84所。南宁文庙，本应该包括历史上南宁行政区所管辖的所有文庙（或称孔庙）。据考证，武鸣孔庙（思恩府学）于唐朝武德中期创建，南宁孔庙（南宁府学）、横县孔庙（横县县学）、永淳孔庙（永淳县学）、宾阳孔庙于宋朝时期建立，宣化孔庙（宣化县学）、武鸣孔庙（武缘县学）、上林孔庙（上林州学）、隆安孔庙（隆安县学）、上思州学和新宁州学于明代所建。由于历史上历朝历代的当地官员都将兴办学校、修缮文庙和恢复释奠礼视为事关地方文教与民风之大事，因此这些文庙（孔庙）都经历过多次迁建、重建或修缮。如《隆安县志》记载有21位官员（知县、署知县、训导和典史、教谕）主持修建了该县的孔庙。南宁行政区所管辖的所有文庙（或称孔庙）至民国时期遭受严重破坏，如南宁孔庙、宣化孔庙于民国十五年（1926年）基本被拆毁，另作他用；永淳学宫于民国十五年后改建为永淳县亲睦乡中心

① 杨新益、梁精华、赵纯心：《广西教育史》，广西师范大学出版社1997年版，第39页。

国民基础学校；横县孔庙于民国十九年（1930年）前后，改建成县立高级第五小学；上林孔庙也于民国二十一年（1932年）被夷为民团司令部球场；等等。现在南宁行政区所管辖的所有文庙（或称孔庙）建筑基本上都已荡然无存，只剩些柱础、石构件、碑刻等，只有南宁孔庙于2011年得以迁建修成，崇圣祠主要沿用原南宁孔庙大成殿梁柱等主要建筑材料，依照原南宁孔庙大成殿原貌修复而成，至此南宁孔庙的祭祀、教育功能得以延续、恢复。因此本研究的南宁文庙，仅限于今南宁孔庙。

南宁孔庙自20世纪80年代被彻底拆除到21世纪初的重新选址迁建，中间有近三十年的间隔，因此学界对南宁孔庙的研究不是很多。目前已有的研究主要有：梅晓光、梁贵朝和邹桂西的《迁建南宁孔庙　打造特色文化》[1]，唐荟珺的《南宁孔庙建筑群重建项目初探》[2]和黄丹彤的《南宁孔庙的文化价值与开发利用研究》[3]等。已有研究主要是探索南宁孔庙的迁建历史及其建筑、陈列、传统文化活动、文化价值或旅游开发价值，尚未发现有从教育史视角对南宁孔庙进行研究，亦没有发现有从文庙的视角去研究南宁孔庙。

南宁孔庙，清代以前称为"府学宫"，始建于北宋，主祀一直是孔子，同时兼祀历代有功于儒道者，且与学校融为一体，依托其开展教化活动，具有鲜明的文教性质，是典型的"庙学"或"学庙"，历史上亦称为"南宁文庙""南宁府学"或"南宁府学宫"。在中国一千三百年的科举史中，南宁孔庙及各时期南宁管辖的行政范围内的孔庙，都作为科举人才的输送基地，为当地人才的培养做出了重大贡献，可见作为地方庙学的地方文庙在教育史上的重要地位，正如清道光上林县壮族学者张鹏展纂《宾州志》所言："州县立学始于隋唐，

---

① 梅晓光、梁贵朝、邹桂西：《迁建南宁孔庙 打造特色文化》，载《创新》2008年06期。

② 唐荟珺：《南宁孔庙建筑群重建项目初探》，载《南方建筑》2011年06期。

③ 黄丹彤：《南宁孔庙的文化价值与开发利用研究》，广西大学文学院硕士学位论文，2012年。

因立学而释奠先圣先师，是释奠于学也。迨后乃专立孔子庙，学之废兴随之，而孔子庙岿然独存，故言学校者，首置文庙。"现代重建以后的南宁孔庙仍以"前殿后学"布局，虽命名为"南宁孔庙"，但其与广西地区的其他文庙一样都是孔庙和学宫"庙学合一"，具有文庙鲜明的特性，因而将此研究定为南宁文庙研究，属于教育史学的研究范畴，故书名定为《南宁文庙研究》。

儒家的思想体系，认为教育具有治理国家、改造人性、化民成俗之功能，因而坚信"凡以教化不立而万民不正也"①，从而特别重视教化。教化，教民为善，化民成俗，是形塑和改造人德性的重要方式，即规训和改造人思想观念与行为方式的一种政治治理方法。在政治学上体现为"治国、平天下"的手段，在社会学上体现为"化民成俗"的根本途径，而在教育学则体现为一种促进人生命成长、成就人生命意义的主要路径。儒家的这种思想集中体现于文庙的教育功能——教化。教化的"最高状态是内外融为一体，达到一种自然而然的状态，一似出于天然，化而无痕"②。执两端而行中道，则是教化的智慧。

文庙不仅是儒家教化的重要场所，而且还是儒学教化的物化形式。因此本研究以人类学视角从传统教育的教化角度来探讨南宁文庙。人类学源于希腊语"人的学问"的复合含义，是一门通过研究"他者"来达到跨文化理解和沟通目的的学问。随着现代人类学学科的逐步确立，其研究范式也得以建立起来——即"他者的眼光"与"推他及己"，在本质上反映了人类学对于"他者"与"自我"这一核心问题的探讨。人类学是一门专门研究"他者"，并"以'他者'来反思'自我'的学科"③。作为壮汉民族融合的文化遗产，南宁文庙需

---

① 班固：《汉书》，中华书局1962年版，第2503页。
② 詹世友：《"教化"理论的基本原理论析》，载《江西社会科学》1995年第10期。
③ 孟航：《西方人类学发展史的再认识与中国人类学的未来——在"他者"中理解"自我"》，载《广西民族研究》2007年第3期。

要人类学研究视角，因为南宁文庙的价值，不仅仅只是简单地、表面地祭祀孔子、先贤的活动，更多地集中表现为其人文传统的物化表现和精神象征，以及其具有的丰富优秀的传统文化内涵如何被以壮族为主体的南宁市乃至广西壮族自治区各民族大众（社会）所广泛重视、认知，并形成跨文化理解，从而修为内化，最终从中受益，造福社会。此乃本研究的意义所在。

01 >

儒兴与南宁
文庙的诞生

儒家兴衰历练生命力
孔子是礼乐教化之宗
南宁文庙应运而生

"儒家人文主义将会成为21世纪人类繁荣的灵魂之根源。"[①]儒学自诞生以来历尽废立兴衰，但为何始终具有强劲的生命力？南宁文庙为何诞生于北宋而不是更早时期？这是两个貌似独立、其实关系密切的问题，因为儒学兴衰与南宁文庙的诞生、发展、拆除和重建存在着密切的内在关联。

① ［美］杜维明：《文明对话中的儒家》，北京大学出版社2016年版，第37页。

儒家兴衰历练
生命力

中国古代命理学有天元、地元与人元之学说。天元，为中国古代历法中的四柱天干。地元，指四柱中的地支。传说天干地支是黄帝时候的大挠氏所创，共同形成了中国古代传统历法纪年，组成了干支纪元法。人元，则是各地支所包含的天干之气。地支因其人元五行之气与天干相近或相斥而能与其相感相通，以此相互发生变化，产生意义。

儒学是世界最早的人类学

中国古代儒学从学理上解决了这个幽邃的"人元之问"，是"人的学问"，是世界最早的"人类学"。有人认为，中国古代儒家之研究太过宽泛，或至少说不严谨，因为表面上其没有明确提出现代人类学的所谓"研究范式"，但实质上其早就通过研究"他者"来达到跨文化理解和沟通目的的学问，即"他者的眼光"与"推他及己"，在本质上反映了人类学对于"他者"与"自我"这一核心问题的探讨。康德认为一切哲学和思想的出发点和归宿都是人："没有人，全部的创造将只是一片荒蛮，毫无用处，没有终结的目的。"[1]从这个意义上讲，儒学是在以人的存在为前提与基础上诞生，且以思考和探索人与世界、人与人的关系为终极使命。儒学中的"君子和而不同，小人同而不和"等思想，符合社会整体利益的最大化，符合个人融入社会的理性智慧，是最早提出的人类学理论。这些理论运用历史长河中系统的经验观察和逻辑推理方法，通过成体系的理论和实践操作方式来研究解释具体的人类社会现象，并力图说明普遍的因果规律，形成自己的方法论、本体论和认识论。

儒学天人合一的教育智慧

《周易·文言传·坤文言》早有言："积善之家，必有余庆，积不善之家，必有余殃。"孔子在《春秋》中有言："邦大旱，毋乃失诸刑与德乎？""正刑与德，以示上天。"《论语·八佾》有云："获罪于天，无所祷也。"《礼记·中庸》有云："国家将兴，必有祯祥；国家将亡，必有妖孽。见乎蓍龟，动乎四体。"中国哲学思想是思考天人关系，明"天人之事"，即探讨和揭示人与世界（宇宙）之间的关系。中国哲学思想以儒家为主体、儒道释并存，把自然称为"天地"，把社会之事称为"人事"。儒家传统为全人类作出的最有意义的贡献是"天人合一"的观念。[2]孔子悟到了这种"天人合一"命题内含的教育精神。孔子认为"性相近，习相远也"[3]，倡导通过学习和修行改变人之天性，从而肯定教育（化）的必要性，于是提出"有教无类"这一至今都有重要意义的教育命题，且强调人后天的"习"与"修"，主张因材施教，提倡

① 康德著，邓晓芒译：《判断力批判》，人民出版社2004年版，第98页。
② 杜维明：《新儒家人文主义的生态转向：对中国和世界的启发》，载《中国哲学史》2002年第2期。
③ 《论语 阳货》。

"学而不厌，诲人不倦"①，确立了令世人赞叹与敬重的、至今仍不失其光辉的、经得起历史检验的教育精神。"习"与"修"，为的是成为君子。君子与小人之别在于德，君子之德的核心是"仁"，即爱人，以己度人及人："仁者爱人。""己所不欲，勿施于人。""己欲立而立人，己欲达而达人。""志士仁人，无求生以害仁，有杀身以成仁。""成己，仁也。"成仁需从修己做起，唯有立己，才能达人。这些都是基于天人合一蕴含的教育智慧和以人生为对象的修习，都是"君子自强不息"之精神。

孔子对儒学的巨大贡献

孔子之学并不拘泥于文字，也不只是读书，他更强调的是向周围的人学习，在与他人的交往中学习，在做事中学习。孔子首创私学，并和弟子一起从鲁国出发，周游卫、宋、齐、郑、晋、陈、蔡、楚等诸侯国，历时十几年。因此，儒家强调思考、反省、体悟，使所学转化成为自我精神世界的构成，并且要求将自己的人生信念躬身践行。唯有以身作则，方可以达到自立立人。这是一个完整的由外而内、再由内而外的学习做人的过程，完善自我的过程，终身发展最后达到生命自觉的过程。这种独特的中国传统哲学的思维方式，教人在生命历程中可能遭遇的各种情况所需的智慧哲学。它教人坦然面对生死，学会与不同人的相处之道，事业受挫时不气馁，成功时不张狂，有理、有利、有节地处理复杂问题，无论在什么情况下都保持泰然、自重的君子之态，它为每一个活在世间的人提供安身立命的精神力量与武器。这就是以儒学为主体的中华优秀传统文化的强大生命力之所在，它几乎融化

---

① 《论语·述而》。

在中国人生存世界的一切领域，无时不有，无处不在。

孔子研究西周文化，延续了文明古国的文脉，使中华文明万年一系、绵延五千年。孔子成为夏商周文化的传承者和集大成者，其创立的儒学迅速成为春秋战国时期的"显学"，此后儒学经典成为学校的教科书，成为学术研究的对象，形成经学。纵观历史，从先秦儒学到两汉经学，到魏晋玄学，到隋唐三教鼎立、合流，再到两宋理学，乃至明朝及之后的心学，儒学从诞生开始就随着时代的不断发展及时进行自我调整。两千多年历史的中国儒学思想集中体现于经学。尽管不同历史阶段其内容有些微调，但核心思想却从未改变，且后继有人。"由孔子而后，曾子、子思继其微，至孟子而始著。由孟子而后，周、程、张子继其绝，至熹而始著。"[①]其集大成者孔子、孟子、朱熹和王守仁并称为孔、孟、朱、王，其中尤以孔子、朱子最为突出。"在中国历史上，前古有孔子，近古有朱子，此两人，皆在中国学术思想史及中国文化史上发出莫大声光，留下莫大影响。旷观全史，恐无第三人堪以伦比。"[②]

孔子的思想集中于《论语》中，"《论语》者，孔子应答弟子时人及弟子相与言而接闻于夫子之语也。"[③]《孟子》是孟轲思想的集成，其不仅继承和发展了孔子的儒学，且较孔子思想更集中、更系统、更具说服力。到了宋代，儒学得到了进一步发展。"孟子教人多言理义大体。"[④]古人认为："《论语》《孟子》既治，则'六经'可不治而明矣。"[⑤]《大学》是"入德之门"，《中庸》为"孔门传授心法"。朱熹认为："某要人先读《大学》，以定其规模；次读《论语》，以立其根本；次读《孟子》，以观其发越；次读《中庸》，以求古人之微妙处。"[⑥]朱熹还认为："尝窃谓秦汉以来，圣学不传，儒者惟

① [宋] 朱熹：《四书集注》，岳麓书社2004年版，序。

② 钱穆：《朱子学提纲》，三联书店2002年版，第1页。

③ [汉] 班固：《汉书》，中华书局1962年版，第1717页。

④ [宋] 黎靖德辑：《朱子语类》，中华书局1986年版，第429页。

⑤ [宋] 程颢、程颐：《河南程氏遗书》，中华书局1981年版，第322页。

⑥ [宋] 黎靖德辑：《朱子语类》，中华书局1986年版，第249页。

知章句训诂之为事，而不知复求圣人之意，以明夫性命道德之归。"① 朱熹作为理学家、儒学家和教育家，其理论是一种关于社会发展和人间万物的哲学，以人为中心，以"理"为人类社会的最高准则，即人类所憧憬的人生最高境界。其思想集中体现在其代表作《四书章句集注》。朱熹的《四书章句集注》将"仁"进行转化、延伸，诠释为"爱之理，心之德"，于是"仁"便有了更深、更广境界的意涵和价值，这既是儒学依据其内在逻辑的传统延续和自然传承，又是对唐宋义理学和汉唐训诂学等思想的吸收与借鉴，成为元、明、清三代科举考试的官定文本。其理学思想对元、明、清三朝影响很大，成为三朝的官方哲学，且远播海外，影响到朝鲜、日本和越南，是中国教育史上继孔子后的又一儒学集大成者，世尊称为朱子。"朱子乃集宋儒理学与自汉以下经学之大成而绍于一身。"② 王守仁认为，良知即天理，是人天生的是非之心，传承和发展了孟子"人皆可以为尧舜"③ 的思想。孟子认为："人之所不学而能者，其良能也；所不虑而能知者，其良知也。"④ 知行合一是致良知的手段、路径。"从先秦两汉开始儒学就不断地传承中华文明的经典，一直到十九世纪后期，所以，儒家对中国文化的传承起了重要作用。如果我们从民族精神的角度来看，中华民族的民族精神可以说是由不同的兄弟民族的文化共同构建的，但如果从中华民族精神的主导方面看，我们不能不说儒家的文化和价值在塑造中华民族的民族精神方面起了不可替代的重要作用。"⑤

① [宋] 朱熹：《晦庵集》卷50，上海古籍出版社影印文渊阁本，第1144册，第561页。
② 钱穆：《朱子新学案》，巴蜀书社1987年版，第1371页。
③ 中华书局编辑部编：《汉魏古注十三经》下，中华书局1998年版，第103页。
④ 中华书局编辑部编：《汉魏古注十三经》下，中华书局1998年版，第113页。
⑤ 陈来：《中华文明的核心价值——国学流变与核心价值观》，生活·读书·新知三联书店2015年版，第165—166页。

孔子是礼乐教化之宗

"乐者，天地之和也。礼者，天地之序也。"① 礼乐，被中国礼乐文化认为是最高的自然法则。"礼乐之作，所以类物表庸而不忘其本者也。"② 中国礼乐文化认为，礼乐是人之为人的内在本质，是人格修养的最高境界。"乐也者，施也。礼也者，报也。"③ 礼乐，是最有效的教化工具。

对礼乐教化的继承与创新

孔子继承了礼乐文化，并赋予其永恒意义。孔子认为礼乐是个人修养的必备条件，是社会和谐的制度保障；礼乐之教化目标是人的修身立德，培养感情丰富、克制理性之人，进而造就稳定、有序的社会，即"兴于《诗》，立于礼，成于乐"④。故人需"文之以礼乐"⑤，方能成人。礼，强化外在之克制，遵守各种行为规范；乐，激发内在之感情，培养人美好和谐的感情，即"乐所以修内也，礼所以修外也"⑥。孔子在对礼乐的意蕴进行深入开掘之后，发现了仁，使得礼乐

① ［清］阮元校刻：《十三经注疏·礼记正义》卷三十八《乐记》，第1530页。
② ［南朝宋］沈约：《宋书》，中华书局1974年版，第535页。
③ ［清］阮元校刻：《十三经注疏》，中华书局1980年版，第1537页。
④ ［清］阮元校刻：《十三经注疏》，中华书局1980年版，第2487页。
⑤ ［清］阮元校刻：《十三经注疏》，中华书局1980年版，第2511页。
⑥ ［清］阮元校刻：《十三经注疏》，中华书局1980年版，第1406页。

的价值得以重新确立。他认为只有建立在仁爱基础上，礼乐才有文化价值。仁乃礼乐之本，外化即为礼乐，依礼乐而成仁，因而人需克己复礼，达成以"仁"释"礼"为核心的儒家思想，这是对周公以"德"释"礼"为主的西周礼乐传统思想的继承、发展，是哲学思想的重大突破，"孔子这一次突破在于将人道普遍化了，将行之于贵族的礼乐观念普化于大众之间"[1]。孔子主张礼乐治国。

确立礼乐教化为治化之本

礼乐治国表现为重视礼乐教化。孔子的礼乐治国思想，是对西周及其以前礼乐思想的继承、发展，目标是培养彬彬有礼的君子，进而建立秩序井然、充满温情的社会。"故礼以道其志，乐以和其声，政以一其行，刑以防其奸：礼乐刑政，其极一也，所以同民心而出治道也。"[2]礼乐治国是儒学的治理之道，"致礼乐之道，举而错之天下，无难矣"[3]。孔子的礼乐教化乃治化之本，为中国历朝历代统治者所折服与推崇。"有孔子之道，则纲常正而伦理明，万物各得其所矣。"[4]古人认为，礼乐涵盖了天地万事万物，统筹着世间的所有条理和秩序。所以，礼乐构成了中国传统文化的核心内容，是中国传统文化的象征。为了实现其礼乐教化思想，孔子亲自首立私学。"孔子垂教万世，天下共尊其教"[5]，被清朝康熙帝尊为"万世师表"。礼乐文化是中国古代天人合一、天地差序格局思想的体现，是中国文化的基石，孔子就是礼乐教化之宗师。

① 许倬云：《中国古代文化的特质》，新星出版社2006年版，第58页。

② [清] 阮元校刻：《十三经注疏》，中华书局1980年版，第1527页。

③ [清] 阮元校刻：《十三经注疏》，中华书局1980年版，第1544页。

④ [明] 陈镐纂修：《阙里志》，山东友谊书社1989年版，第1066页。

⑤ [清] 张廷玉：《明史》，中华书局1974年版，第3981页。

东汉灵帝建宁二年（169年），祀孔子，依社稷之祭。孔子的祭祀等级和社稷级别一样。唐武德二年（619年）令国子学立周公、孔子庙。唐贞观四年（630年）太宗下诏："州、县学皆作孔子庙。"[1]唐高宗时，敕"州县未立庙者速事营造"，从此"孔子之庙遍天下矣"。广西最早的孔庙是灌阳文庙，始建于隋炀帝大业十三年。为何南宁文庙诞生于宋朝？要探究这个问题，我们必须探究中国吏治史，特别是宋朝的吏治史。

右文抑武之吏治转向

"两宋期内的物质文明、精神文明所达到的高度，在中国整个封建社会历史时期之内，可以说是空前绝后的。"[2]北宋太祖开宝四年（971年），朝廷置广南路，宋太宗端拱年间将广南路分为广南东路、广南西路。宋朝时期的广西是"山川旷远，人物稀少，事力微薄，一郡不当浙郡一县"[3]，社会、经济并不发达，因此政治、文化也随之深受影响。两宋时期

① ［宋］欧阳修、宋祁：《新唐书》,中华书局1973年版，第373页。

② 邓广明：《谈谈有关宋史研究的几个问题》，载《社会科学战线》1986年第2期。

③ ［宋］周去非著，屠友祥校注：《岭外代答》,上海远东出版社1996年版，第7页。

的131个宰相中没有一个广西人，在《宋史》正传、《循吏传》传叙的1518个官吏中只有2个广西人。在《宋史·文苑传》中找不到一个广西人，在《全宋词简编》中也没有一个广西人。

孔子早主张"有文事者必有武备，有武事者必有文备"[1]，从西汉初年开始，这便成为一种传统的治国方针，直至唐末五代时，"大抵五代之所以取天下者，皆以兵。兵权所在，则随以兴；兵权所去，则随以亡"[2]。儒学的发展受到影响。五代重武轻文[3]，是个"粗人以战斗取富贵"的时代。晚唐、五代的武将擅权非常严重，导致国家混乱。宋朝建国之初，内部秩序混乱、外部四分五裂，禁军将领与各地藩镇控制军队，严重威胁着宋朝的统治。宋朝实行"右文抑武""择文臣使治州郡"的政策，文官开始得到重用，"艺祖革命，首用文吏而夺武臣之权"，提升了文臣的地位。相对于武将而言，文臣更重视民生与文化建设。

随后宋太宗"以文治天下"，"取人益广，得士益多"，"广致天下之士以文治"[4]，"自太宗岁设大科，致多士，居首选者蹑取华要，有不十年至宰相，亦多忠亮雅厚，为时名臣"[5]。宋理宗时期，继续"以儒立国"。宋朝重文轻武，"非进士及第者不得美官"[6]，形成"满朝朱紫贵，尽是读书人"[7]的文化现象。这就进一步刺激了科举考试制度的发展，从而推进各地文庙的兴建。

科举诞生发展历程

魏晋以来，采用九品中正制，官员大多从各地高门权贵的弟子中选拔。权贵弟子无论优劣，皆可以做官。许多出身低微却有真才实学之人，不能到京城或地方担任高官。为了

① 富弼：《上仁宗论武举武学》，载《宋朝诸臣奏议》卷82《武举》，第891页。

② ［宋］范浚：《香溪集》卷8《五代论》，影印文渊阁四库全书本第1140册，第71页。

③ 《学林漫录》，中华书局1981年版，第59-66页。

④ ［宋］叶梦得：《避暑录话》卷上，第265页。

⑤ 《宋史》卷三百五十四《论曰》。

⑥ ［宋］司马光：《司马光奏议》，山西人民出版社1986年版，第162页。

⑦ ［宋］张端义：《贵耳集》卷下，中华书局1959年版，第77页。

改变这个弊端，隋文帝于开皇十八年（598年）七月，"诏京官五品以上，总管、刺史，以志行修谨、清平干济二科举人"①，开始用分科考试的方法来选拔官员，令各州每年贡士三人，后设不同科目选拔人才。隋炀帝于大业元年（605年）"置进士之科"，正式设置进士科，考核参选者对时事的看法，按考试选拔人才，以应策取士。分科取士即科举的前身。科举改善了之前的用人制度，打破了血缘世袭关系和世族的垄断，即打破了以往世家大族垄断选官的局面，使各阶层人士能更广泛地参加国家政权，既选拔了优秀的人才，又稳固了统一的政权。由于采用分科取士的办法，因而称之为科举。

唐朝继承和发展了这一制度，并使其逐渐完善。唐太宗、武则天、唐玄宗是完备科举制的关键人物。唐朝"天子亲临观之"，科举制的殿试部分是由皇帝亲自主持、以分科考试形式录用人才。在唐朝，考试的科目分常科与制科两类。每年分期举行的叫常科，由皇帝下诏临时举行的考试称制科。常设的科目有秀才、明经、进士、俊士、明法、明字、明算等五十多种。其中明法、明算、明字等科，不为人重视，秀才一科在唐初要求很高，后来渐废。所以，明经、进士两科便成为中国唐代常科的主要科目。明经考时务策与经义，比较容易；进士考时务策和诗赋、文章，比较难。明经、进士两科最初都只是试策，考试的内容为经义或时务。后来，两种考试的科目虽有变化，但基本精神是明经重帖经、墨义，进士重诗赋。"诗赋可以见辞艺，策论可以见才识。"②所谓帖经，就是将经书任揭一页，将左右两边蒙上，中间只开一行，再用纸帖盖三字，令试者填充。墨义是对经文的字句做简单的笔试。帖经与墨义，只要熟读经传和注释

<hr>

① [唐]魏征等：《隋书》，中华书局1973年版，第43页。
② [清]徐松：《宋会要辑稿·选举·三之二十二》，中华书局1957年影印版。

就可中试，诗赋则需要具有文学才能。进士科得第很难，所以当时流传有"三十老明经，五十少进士"[1]的说法。常科考试最初由吏部考功员外郎主持，后改由礼部侍郎主持，称"权知贡举"[2]。进士及第称"登龙门"[3]，第一名曰状元或状头。同榜人要凑钱举行庆贺活动，以同榜少年二人在名园探采名花，称探花使，要集体到杏园参加宴会，叫探花宴。宴会以后，同到慈恩寺的大雁塔下题名以显其荣耀，所以又把中进士称为"雁塔题名"。唐孟郊曾作《登科后》诗："春风得意马蹄疾，一朝看遍长安花。"所以，春风得意又成为进士及第的代称。常科登第后还要经吏部考试，即选试。选试合格者，才能授予官职。唐代大家柳宗元进士及第后，以博学宏词，被即刻授予"集贤殿正字"。

到了明朝，科举考试形成了更完备的制度：乡试、会试和殿试。考试内容基本以"四书五经"为准，以"四书"文句为题，规定文章格式为八股文，解释必须以宋朝朱熹的《四书集注》为准。乡试是每三年在各省省城（南北直隶为应天府、顺天府）举行的一次考试，因在秋八月举行，故又称秋闱。主考官由皇帝委派。考后发布正、副榜，正榜所取的叫举人，第一名叫解元。会试是每三年在京师举行的一次考试，因在春季举行，故又称春闱。考试由礼部主持，皇帝任命正、副总裁，各省的举人及国子监监生皆可应考，第一名叫会元。殿试始于"武太后载初元年二月"[4]，是科举制最高级别的考试，皇帝在殿廷上对会试录取的贡士亲自策问，以定甲第。实际上皇帝有时委派大臣主管殿试，并不亲自策问。录取分为三甲：一甲三名，赐"进士及第"的称号，第一名称状元（鼎元），第二名称榜眼，第三名称探花；二甲若干名，赐"进士出身"的称号；三甲若

---

① 张鲁源：《中华古谚语大辞典》，上海大学出版社2011年版，第7页。

② [宋] 马端临：《文献通考》卷30《选举考》。

③《后汉书·李膺传》。

④ 杜佑：《通典》，中华书局1984年版，第83页。

宋朝时期科举考试图

干名，赐"同进士出身"的称号。二、三甲第一名皆称传
胪，一、二、三甲统称进士。

明代对科举高度重视，科举方法之严密也超出了以往历
代。明代以前，官学只是为科举培养人才的方法之一，到了
明代，进官学几乎成为科举的必由之路。明代入国子监学习
的，通称为监生，分为四种：生员入监读书的称为贡监，官
员子弟入监的称荫监，举人入监的称举监，捐资入监的称例

监。明代初期，监生可以直接做官，明成祖后虽未能直接做官，但可以直接参见乡试，通过科举做官。参加乡试的除监生外，还有科举生员。只有进入官学成为生员，才有可能入监学习或成为科举生员。明代凡经过本省各级考试进入府学、州学、县学的通称生员，俗称秀才。取得生员资格的入学考试叫童生试（小考、小试）。童生试包括县试、府试和院试三个阶段。院试由各省提学道官员主持，合格者称生员，然后分别分往府、州、县学学习。生员分三等：廪生、增生、附生。由官府供给膳食的称为廪膳生员，简称廪生；定员以外增加的称增广生员，简称增生；于廪生、增生外再增名额，附于诸生之末，称为附学生员，简称附生。考取生员是功名的起点。一方面，各府、州、县学中的生员选拔出来的为贡生，可以直接进入国子监成为监生。另一方面，由各省提学官举行岁考、科考两级考试，按成绩分为六等。科考名列一、二等者，取得参加乡试的资格，称科举生员。因此，进入官学是科举阶梯的第一级。

科举发展到后期，内容、形式严重束缚了应考者，以致后来形成了科举文体——八股文。"王安石的'经义式'文章成为后世八股文的肇端。"[1] "八股文在文体上最直接的渊源是宋代的经义。"[2] 八股文使得人不谋求实际学问，且束缚了思想。清代科举"承明制用八股文"[3]，19世纪80年代之后，随着西学的传播和洋务运动的发展，科举制度发生了改变。1888年清政府准设算学科取士，首次将自然科学纳入考试内容。1898年加设经济特科，荐举经时济变之才。同时，应康有为等建议，废八股改试策论，以时务策命题，严禁凭楷法优劣定高下。戊戌变法失败后，慈禧下令所有考试悉照旧制。1901年9月清廷实行"新政"后，各地封疆大吏纷纷上

---

① 刘海峰：《中国科举史》，东方出版中心2006年版，第187页。
② 吴承学：《中国古代文体形态研究》，北京大学出版社2013年版，第241页。
③ 赵尔巽：《清史稿》，中华书局1973年版，第3148页。

奏，重提改革科举，恢复经济特科。1904年，清廷颁布《奏定学堂章程》，此时科举考试已改八股为策论，但尚未废除。因科举为利禄所在，世人趋之若鹜，新式学校难以发展。因此，清廷诏准袁世凯、张之洞所奏，将育人、取才合于学校一途。至此，在中国历史上延续了1300多年的科举制度最终被废除，科举取士与学校教育实现了彻底分离。1905年9月2日，袁世凯、张之洞奏请立停科举，推广新式学堂。清廷诏准，自1906年起，所有乡试、会试一律停止，各省岁科考试亦即停止，并令学务大臣迅速颁发各种教科书，责成各督抚实力统筹，严饬府、厅、州、县赶紧于乡城各处遍设蒙小学堂。

正所谓"在古代中国两千多年的考试史中，古人几乎尝试过各种他们可能想到的考试内容，而皆有利与弊，或者说初利终弊，初可纠前弊而后又生新弊……这大概不是一个可在传统格局内解决的问题"[1]。但不管怎么说，科举制度是不可否认的世界上延续时间最长的人才选拔方法。

南宁文庙呱呱坠地

宋代的科举大体同唐代一样，有常科、制科和武举。宋代"重文轻武"，所以非常重视科举考试。"在悠久的科举史上，使宋朝与其他各朝有最大区别的是它的特别喜爱改革。科举制度在任何其他时代都没有像在北宋那样从根本上受到挑战或进行过如此果断的实验。"[2]相比之下，宋代常科的科目比唐代大为减少，其中进士科仍然最受重视，进士一等多数可官至宰相，所以宋人以进士科为宰相科。

宋代的科举放宽了录取和作用的范围。宋代进士分为三等：一等称进士及第，二等称进士出身，三等赐同进士出

① 何怀宏：《选举社会及其终结——秦汉至晚清历史的一种社会学阐释》，生活·读书·新知三联书店1998年版，第168页。
②〔美〕贾志扬：《宋代科举》，东大图书公司1995年版，第184页。

宋朝时期邕州几乎处在大理国与交趾的边境线上

身。由于扩大了录取范围，名额也成倍增加。唐代录取进士，每次不过二三十人，少则几人、十几人。宋代确立了三年一次的三级考试制度。宋初科举，仅有两级考试制度。一级是由各州举行的取解试，一级是礼部举行的省试。宋太祖为了选拔真正利于封建统治而又有才干的人担任官职、为之服务，于开宝六年实行殿试。自此以后，殿试成为科举制度的最高一级的考试，并正式确立了州试、省试和殿试的三级科举考试制度。殿试以后，无须再经吏部考试，直接授官。从宋代开始，科举开始实行糊名和誊录，并建立防止徇私的新制度。宋代科举在考试内容上做了较大的改革。宋代科举基本上沿袭唐制，进士科考帖经、墨义和诗赋，弊病很大。进士以声韵为务，多昧古今；明经只强记博诵，究其义理，学而无用。仁宗天圣五年（1027年）下诏，"贡院将来考试进士，不得只于诗赋进退等第，今后参考策、论以定优劣"①。

① [清] 毕沅：《续资治通鉴》，中华书局1957年版，第78页。

王安石任参知政事后，对科举考试的内容着手进行改革，取消诗赋、帖经、墨义，专以经义、论、策取士。州试由各地方进行，通过的举人可以进京参加省试。省试在贡院内进行，连考三天。

"科举之制，始于隋唐，行于五代，而盛于有宋。"[①]随着科举选官制度的改革，宋代大量选拔文人士大夫，提倡以儒家思想为核心的价值观，规范臣民的思想和行为，因此儒学备受朝廷恩宠。建隆元年（960年），宋太祖亲谒孔子庙。建隆三年（962年）诏祭孔子庙，用一品礼，立十六戟于庙门。宋真宗大中祥符元年（1008年），赐孔子庙经史，又赐太宗御制御书一百五十卷藏于庙中书楼。大中祥符二年（1009年）春二月，诏立孔子庙学舍。三月颁孔子庙桓圭一，加冕九旒，服九章，从上公制。大中祥符三年（1010年）颁释奠仪注及祭器图，建庙学。北宋曲阜孔庙的建筑蓝本《文宣王庙阁》的颁布，为各地的孔庙建设提供了范式、标准，形成庙学并重之规制，且"夫州县长佐之吏，考绩于三载，必曰文庙有无增葺"[②]。在北宋的版图中，南宁位于疆域边陲，紧靠大理与交趾。作为宋朝一个最西南的边陲重镇，南宁处于壮汉杂居地区，儒学教化只能随着时间慢慢推进。南宁文庙就是在这样的"宋朝文治"历史背景下，于北宋皇祐年间（1049—1054）诞生了。

① 金中枢：《北宋科举制度研究》，载《新亚学报》1964年第6期。
② ［明］陈镐纂修：《阙里志·卷之十八·历代碑记》。

文庙开启
南宁一方文脉

邕州南宁

南宁，位于广西壮族自治区西南部，是连接中国东南沿海与西南内陆的重要枢纽，是广西壮族自治区首府，是北部湾地区唯一的特大城市，是中国面向东盟各国的国际大通道和西南出海综合交通枢纽城市，是中国东盟博览会暨中国东盟商务与投资峰会的永久举办地。世界各国驻南宁总领事馆达6个，数量居全国第7位（全国共有18个城市驻有世界各国总领事馆）。

邕
州
南
宁

南宁，古称邕州，是一座历史悠久的边陲古城，也是一座现代化城市。明代诗人陈大纶在《新建四都营记》中曾经对南宁作了这样的评述："百粤自先秦以来尚矣，唯邕州称为沃国，窃伏海隅，其势则雄踞交广，扼塞两江，给军三管，岭海一都会也。"[①]

邕州变迁

《辞源》曰："邕，城郭四方有水，环抱而成池。"《说文解字注》曰："邕，邑四方有水，自邕成池者是也。"据明朝黄佐的《山川志——南宁府》载："考韵书，邕字从川，从邑，以四方俱水也。""城郭四方有水"，这正是邕州城的特征。"邕"是会意字，本意为四周被水环绕的都邑；又因"邕"字通"雍"，引申为和睦、和谐之意。

自公元前214年起，邕州为秦朝设置的桂林郡的辖地。公元前206年，邕州并入赵佗建立的南越国。西汉元鼎六年（前

矗立于邕江边的"邕"字景观石

①［清］汪森：《粤西文载》卷二十四，广西壮族自治区第二图书馆1960年编印，第6-7页。

广西壮族自治区首府南宁（图片来源：图虫创意）

110年），伏波将军路博德奉汉武帝之命平定南越国，之后在岭南设置南海、苍梧、郁林等九郡，邕州是郁林郡领方县辖地。三国时期，邕州成为吴国辖地，领方县改为临浦县。东晋时期，改置临浦县属晋兴郡。

南宁建制的历史可追溯到东晋大兴元年（318年）[1]。从郁林（今玉林）郡分治出来的晋兴郡，其郡治就设在晋兴县城，即今天的南宁市所在地，这就是南宁建制的开始。

南北朝时期，南宁仍为晋兴郡、晋兴县的治所，隶属南定州（今贵港市）。隋开皇十年（590年）八月废晋兴郡为晋兴县，开皇十八年（598年）晋兴县改名宣化县，隶属郁林郡，宣化县治所为宣化城（今南宁市）。唐朝初年"以宣化县地置南晋州"[2]，贞观八年（632年）"改南晋州为邕州"[3]（因近邕溪而得名），设都督府。南宁简称"邕"由此

① 刘茂真：《南宁建置时间与晋兴治所考辩——兼与板苏屯建置说和太康建置说商榷》，载《学术论坛》1999年第2期。
② 林小静等：《南宁府志》，广西人民出版社2008年版，第81页。
③ 林小静等：《南宁府志》，广西人民出版社2008年版，第81页。

而来。唐朝天宝元年（742年）改邕州为朗宁郡，天宝十四年（755年）"置邕管经略使"①，乾元元年（758年）朗宁郡复改为邕州，贞元十五年（799年）废邕管经略使，其所属各州由容管经略使兼领，长庆二年（822年）六月复设邕管经略使。咸通三年（862年）五月分岭南道为东、西两道。以广管为岭南东道，治所广州（今广州市）；邕管为岭南西道，兼领桂、容、安南三管，治所为邕州（今南宁市）。"邕州一跃而为广西的政治、军事中心"②，成为省级政府驻地。

五代兴替，"邕管为南汉刘氏地"③，邕州领宣化、武缘、朗宁、晋兴、思龙、如和、封陵7县。州及宣化县治所均为邕州城。北宋至道三年（997年）"改称邕州为永宁郡"④，属广南西路管辖，置郡府和都督府；大中祥符年间（1008—1016）置永宁郡下辖宣化、武缘等县，统领左右江、红水河和龙江一带的60多个羁縻州、县、峒。邕州州境东西八百八十里，南百三百七里，东水路至旧栾山三百四十里，西水路至旧田山六百四十里。⑤邕州在宋朝时期面积约占广南西路三分之一，邕州城也是当时最大的州城。宋人张栻曾有言："边之郡九，而邕管为最重。"⑥元至元十六年（1279年）改为邕州路，仍为路总管府治所，下辖宣化、武缘两县，管左右两江溪桐。

易名南宁

元泰定元年（1324年）改邕州路为南宁路，是为南宁得名之始，领宣化、武缘两县。明洪武元年（1368年）南宁废路设府，南宁路遂改为南宁府，为府治，隶属广西布政使司。明朝时期，谢少南在《南宁书所见》中这样描述当时

① 林小静等：《南宁府志》，广西人民出版社2008年版，第81页。
② 莫杰：《古代的南宁》，载《学术论坛》1978年版第1期。
③ 林小静等：《南宁府志》，广西人民出版社2008年版，第81页。
④ 南宁市文物局、南宁市博物院编：《南宁旧事》，广西民族出版社2009年版，第11页。
⑤ [宋]乐史：《太平寰宇记》，中华书局1987年版，第534页。
⑥ [清]汪森著，黄盛陆等校：《粤西文载点校》，广西人民出版社1990年版，第97页。

的南宁："邕管真堪赋，江南恐不如。橘奴金弹密，荔子水晶虚。海错羞方物，山蕉入野蔬。无论宝玉贱，鱼米自宜居。"[1]清朝时南宁隶属广西省分巡左江道，下辖州县沿袭明朝。清朝许日炽在《南宁府志原序》有言："舟楫上下，商贾辐辏，亦天南一大都会也。"[2]明清时期，由于"人物粮食繁庶"，南宁被誉为"小南京"[3]。

历史上，南宁屡次易名，由"晋兴郡""晋兴县"到"宣化县"，再到"南晋州""邕州""朗宁郡""邕州永宁郡""邕宁"和"南宁"。其中"宣化县"用名时间最长，长达一千一百一十四年。"邕州"及"南宁"用名虽然没有"宣化县"用名长，但是南宁作为中国西南重要边镇城市，自唐朝开始就在祖国南疆兴起。虽然在各朝代、时期所管辖的区域变化较大，但南宁在建置历史中一直是县、郡、州、府、路、道和省（自治区）的政治中心，其中在唐代、民国初期（1912—1936）曾经作为省级（或相当省级）的政治、军事中心。解放后南宁一直是广西的省会、自治区首府。

南宁地处北回归线以南，位于亚热带。这里阳光充足，雨量充沛，霜少无雪，气候温和，夏长冬短，年平均气温在21.6℃左右，因此常年满城皆绿，拥有"绿城"之美称。

江合于邕

南宁北枕高峰岭，西峙凤凰山（即西大明山东部山地），南俯众丘陵。其地形呈北、西、南三面环抱，向东开口，形成一个西起凤凰山、东至青秀山的不规则的长方形河谷盆地。

"邕州之水，其源有二，一为左江，自交趾来。一为右

① 林小静等：《南宁府志》，广西人民出版社2008年版，第1718页。
② 林小静等：《南宁府志》，广西人民出版社2008年版，第17页。
③ 莫杰：《古代的南宁》，载《学术论坛》1978年版第1期。

江，自大理国戚楚府大盘水来。江合于邕。"①南宁位于低山丘陵环绕的盆地中部，雄浑的右江自西北滚滚奔泻而来，静澈的左江由西南侃侃从容汇入，加之北面顺势而下之心圩江和南边涓涓涌来的良凤江，南宁母亲河邕江就此成型：蜿蜒曲折流经盆地中央。

边陲壮民

一方水土养一方人。南宁的向心水系千百年来滋养着这一方热土，哺育着一代代的南宁人。邕江，是南宁的母亲河，是南宁文化的源头。邕江两岸的新石器时代贝丘遗址的考古发掘表明：早在近一万年前，邕江就哺育着南宁古人类，让他们繁衍生息。南宁地域的自然条件、地理气候环境塑造着南宁人的生存方式和思想观念，继而形成他们为人处世的态度及文化性格特征。

南宁市是一个以壮族为主体、多民族聚居的城市。壮族是世代居住的土著民族，汉族为秦汉以后陆续迁入，其余民族则在秦汉以后各朝代先后从全国各地迁来。根据《南宁市第七次全国人口普查主要数据公报》，2020年11月1日零时南宁市的常住人口为8741584人，汉族人口为4243831人，占48.55%；各少数民族人口为4497753人，占51.45%，其中壮族人口为4256523人，占48.69%。南宁是一个以壮族为主的现代多元化城市。壮族人民能歌善舞，每年定期举行"歌圩"唱山歌，其中农历三月初三的"歌圩"最为隆重。壮族人民制作的绣球，自古为壮族地区青年男女定情信物；被称为壮族民族文化记忆的"活化石"、有2000多年制作史的壮锦，是壮族文化艺术精华的一部分，是一种瑰丽工艺品，与湘绣、蜀锦等齐名，驰名中外。

① ［宋］周去非著，杨武泉校：《岭外代答校注》，中华书局1999年版，第28页。

文脉兴起

文庙落户邕州是在侬智高起义之后的北宋年间。在经历早期的频繁迁移后，南宁文庙最终定址于城中五花岭。随着社会的发展，南宁文庙与对面的魁星楼、附近北宁街的敷文书院、中山路的考棚（科举考试的考场），构成了完备的教育体系，教化着邕州民众。

"斯文绝续在人才。"[①]文庙不仅宣扬礼制，还养文气、育人才。自从邕州诞生了文庙，邕城即诞生了文脉书香。

宋朝时期的石鉴（字大观，号少卿），是南宁市西乡塘区人，皇祐元年（1049年）考中进士，官至大理丞、桂州知州、邕州知州、广南西路经略安抚使、工部尚书；明代时期的李璧（字白夫，号琢斋），是南宁市武缘县（即武鸣县，今武鸣区）壮族人，弘治八年（1495年）考中举人，官至南京户部员外郎；明朝时期的萧云举（字允升，号玄圃），是南宁市淡村人，万历十四年（1586年）考中进士，官至礼部尚书、光禄大夫，授一品诰命；清朝时期张鹏展（字从中，号南崧，又号惺斋），是南宁市上林县壮族人，乾隆五十四年（1789年）考中进士，官至通政使；清朝时期钟刚中（字子年，号柔翁），是南宁市邕宁区人，光绪三十年（1904年）考中进士，官至吏部主事，光绪三十一年（1905年）考取清廷官派日本留学生，就读于日本早稻田大学法律系，是中国首批出国留学7人之一。据统计，从宋朝到清朝，南宁本土共考中进士35名。

① 刘宝厚编著，袁第锐审定，邓明校订：《刘尔炘楹联隽》，甘肃人民出版社2009年版，第33页。

地灵人杰

南宁地灵人杰，清朝时期的大文豪黎简，生于南宁、长于南宁，"十岁能为诗"①，以诗书画"三绝"驰名于世。桂系军阀首领陆荣廷，南宁市武缘县人，也深受儒家思想影响。身为壮族领袖，陆荣廷为人处世奉行仁义礼智信，一生恪守、践行"炮口对外不对内"的人生信条。

近代以来，群星荟萃：太平天国时期的著名将领林凤祥、李开芳等均是南宁市武鸣县壮族人；新桂系核心人物、社会活动家、政治活动家程思远是南宁市宾阳县人；教育家、教育思想家雷沛鸿是南宁市津头村人；雷经天、莫文骅等新中国将领都是南宁人；无产阶级革命家、政治家、社会活动家邓颖超出生于南宁市邕江北岸的南宁左江道台衙门（镇台官邸），并在此度过了难忘的童年时光；国际知名战略科学家、中国著名地球物理学家黄大年亦是南宁人。

① [清]郭汝诚修，冯奉初纂：《顺德县志》卷二十六《黎简传》，清咸丰三年刻本。

03>

南宁文庙的沿革与迁建

历史沿革
新南宁文庙
布局规制

南宁文庙始建于北宋皇祐年间（1049—1054），是古代儒学之府，亦称南宁府学官，宋代称为邕州州学，元代称为南宁路学，明清两代称为南宁府学。在近一千年历史中，在一次次重建、扩建或修缮的过程中，繁衍生息于这片热土的南宁人都倾情付出，寄托希望，教化社会，立德树人。

历史沿革

迁徙历程

南宁文庙原址位于仓西门外沙市（即南宁市今新华街、解放东路和民生路的向阳百货商场、水塔脚附近），后迁建于"城内南隅、又徙城西"①。南宋宝庆三年（1227年），安抚使谢守明将其迁建至五花岭（今南宁饭店内），此后南宁文庙在此屹立，教化社会。

1982年，南宁文庙的大成殿因为南宁饭店的扩建而被拆除。拆除前，时任南宁市文物管理委员会领导多次到现场进行勘察和绘制平面图，指挥工人有秩序地对建筑材料进行拆除，以便日后重建时能尽量保持其原建筑材料和建筑风格。从10月3日起，前后共花费两个月的时间，完成了拆除工作，将原有木料和十三根石柱全部搬到广西展览馆内保存，庙内碑刻则被移至南宁人民公园镇宁炮台内的碑廊安置。2011

---

① 莫炳奎纂修：《邕宁县志》，民国二十六年排印本，第860页。

年，南宁市委、市政府将南宁文庙迁建于青秀山脚下（今南宁市青环路9号）。南宁文庙经历过26次重建、扩建。①

千年维修

南宋淳祐八年（1248年），督学使梁应龙主持维修。元至元年间（1264—1294），宣慰使赵修己对南宁文庙重新进行维修。大德七年（1303年），宣抚使陈谦享、唐世忠、黄昔、剌不花等重建大成殿。在元至顺元年（1330年）庚午科的会试中，湖广行省额取18人（当时广西属湖广行省），宣化县考上进士10人，为各县之冠。②

明洪武三年（1370年），署府事焦源、教授谢成伯等再次对学府进行修缮。正统十二年（1447年），知府陈鼎重修，按照已形成的规制，加建殿庑、讲堂、斋舍，塑造孔圣人像，铸造乐器等物。弘治年间（1488—1505），知府萧惠重修，其后知府刘芳，向南购置房屋，扩大规模，在棂星门原址增修戟门，并逐一按秩序修缮东西两庑、四斋房、庖库、公署等，而且在侧面修建射圃、亭台，重塑先师、四配、十哲像，全部新置东西两庑供奉的诸位先贤牌位。正德年间（1506—1521），知府李津继续进行维修。嘉靖九年（1530年），皇帝下诏祀启圣公，配以颜回、子思、曾参、孟轲四人。嘉靖十年（1531年），改大成殿为先师庙，中间为圣殿，两翼为东西庑，后为明伦堂，堂后设敬一亭和尊经阁，后改为启圣祠，左右为志道、据德、依仁、游艺四斋，前为戟门，有泮池，有篯亭、射圃、公廨，右前为棂星门，东西侧为礼门、义路，前有照壁。嘉靖十六年至二十九年（1537—1550），知府郭楠、朱黼、王贞吉、吴绍志等相继重建、重

① 黄丹彤：《南宁孔庙的文化价值与开发利用研究》，广西大学 2012 年硕士学位论文，第13页。
② 《南宁市志综合卷·大事记》。

修，又在戟门左侧修建文昌祠。至此，南宁文庙形成了完整的规制。明末兵灾后，仅存棂星门、戟门、圣殿、文昌祠，其余都被摧毁废弃。[1]

顺治年间（1644—1661），知府葛文华修建南宁文庙。顺治十六年（1659年），知府孔兴训对南宁文庙再次进行了修缮。康熙六年（1667年），知府虞宗岱、同治刘光荣、通判范文瑛、推官徐元吉、知县王玮、训导刘上杰等人捐资修缮明伦堂、启圣祠。康熙二十三年（1684年），康熙皇帝前往曲阜孔庙祭祀孔子，并御赐"万世师表"匾，知府赵良璧遂依据御旨雕刻御制"万世师表"匾额悬挂于南宁文庙大成殿内正中，其所刻制的《先师赞》也悬挂在庙庭内。康熙三十八年（1699年），左江道吴洞、知府孙明忠捐资增修。康熙四十五年（1706年）、康熙五十一年（1712年），两任知府张绥远、戴锦都继续修缮。康熙五十六年（1717年），知府沈元佐捐资前后重新修缮。雍正元年（1723年），左江道靳治齐在学宫东边修建崇圣祠，安设神牌并设置祭祀器物。雍正二年（1724年），知府慕国典捐资修缮正殿、左右两庑，并在左庑设立名宦祠。雍正十年（1732年），知府张汉重修殿庑，并在右庑增建乡贤祠，重修戟门、棂星门，捐置祭器乐器。乾隆四十年（1775年），左江道王懿德、知府林琼维修。道光十三年（1833年），知府余源、知县曾敬熙、县人程金等捐资重新修缮。宣统年间（1909—1911），部分乡绅郡士捐资重修腐朽梁柱，府学宫学额40人。

民国四年（1915年），知县韦文林对学府全面大修。"其中，主体建筑大成殿为单檐歇山式，红墙绿色琉璃卷筒瓦，面阔五开间，为穿斗式木构架建筑，高13米，占地面积350多

---

[1] 南宁文庙博物馆编：《南宁文庙》，广西人民出版社2014年版，第17页。

平方米。"①民国十五年（1926年）学宫遭拆除，辟为公园，仅存府学大成殿，"然殿内挪为别用，不成为殿矣"②。

旧南宁文庙在鼎盛时期，占地面积约0.4公顷，整个建筑按中轴线对称布局，砖木结构。主体建筑大成殿为单檐歇山式，殿内有约3米高的孔子像。大成殿前有大成门、泮池、棂星门、照壁等，殿后有明伦堂、启圣祠等。

① 唐荟珺：《南宁文庙建筑群重建项目初探》，载《南方建筑》2011年第6期刊。
② 莫炳奎纂修：《邕宁县志》，民国二十六年排印本，第866页。

新南宁文庙

自1982年南宁文庙被拆除后，南宁人民一直呼吁、期待将其兴复。自1984年起，陆续有南宁市的人大代表、政协委员提出重建南宁文庙，建议地址拟在南湖公园湖畔或青秀山脚下。1992年，南宁市人民政府以相关会议纪要的形式，拟计划前期投入100万元开展筹建工作，将南宁文庙的重建摆到议事日程，然而之后又因种种原因未能实施。

启动迁建

2002年，中共南宁市委、南宁市人民政府正式启动南宁文庙迁建工作。工程立项后，被列入当年政府为民办实事的项目之一。2003年，经过相关著名儒学专家、古建筑专家、文物专家会同规划，建设、旅游等各方面的专家充分论证、设计后，认为如果按照原南宁文庙的规模或原型迁建已经不能满足现代社会的要求，迁建既要传承原南宁文庙的灵魂、文脉，又要扩大其规模，于是决定将拟迁建的南宁文庙规模

南宁文庙位于南宁市青秀山脚

扩大为原南宁文庙的6倍，拟使用原南宁文庙使用过的全部原材料，按照原规模恢复保留原南宁文庙大成殿的原样，用作新南宁文庙的崇圣殿，重新设计更大的大成殿，其他建筑则按照相应的比例扩大重建。

落户新址

南宁文庙的新址，最初拟定在南宁市青秀山。徐浦在《白云精舍记》有云："山旧有寺，岁久颓圮，独合抱老松数十株，挺秀与此山并青。窃意青秀山之所以得名，或此。"[①] 明朝南宁府人、进士、礼部尚书萧云举的《青山记》有曰："邕东南郡也，其水郁江，其山奇者为曰青山。"[②]青秀山，亦叫青山，被誉为"邕城龙脉"，南宁文庙屹立在青秀山寓意为"邕城龙脉"守护着"邕城文脉"。

①［清］汪森：《粤西文载校点》，广西人民出版社1992年版，第13页。

②［清］汪森：《粤西文载》卷二十一，广西壮族自治区第二图书馆1960年编印，第7页。

后来，南宁文庙的新址最终定在南宁市青秀山脚下青山园艺场的上琅村（今南宁市青环路9号）。此地，背靠青秀山，右仰视余光尽收青秀山上之龙象塔。龙象塔是座佛塔，为青秀山之地标，"万历年间，邑人萧云举建塔其上，曰龙象"①。随后，政府对上琅村村民进行了搬迁、安置，并着手开展相关的重建工作。2005年进行"三通一平"工作，随后奠基，破土动工，2011年基本竣工。至此，断层约30年的南宁文庙文脉又重新得以延续。

南宁文庙立于青秀山南麓，坐北朝南，后靠青山为玄武，左蠹凤凰（凤凰塔）作青龙，右擎龙象（龙象塔）当白虎，前有邕江东自游，隔江对望笔架山，真乃山水绝佳之地。其坐落之位置，犹如文人背靠大椅（青秀山），右手执笔（龙象塔），左手按印（金印山），近前是波光粼粼之墨池（邕江水），远处为天然之笔架（笔架山），真可谓沐青山之灵秀，浴邕水之广博，既具"负山面水、左青龙右白虎"之格局，又揽中国传统文化经典"仁山智水"之胜境。

---

① 莫炳奎：《民国邕宁县志》，成文出版社1967年版，第109页。

布局规制

"建筑就是凝固为物体的人生。"[①]建筑更是文化物化的结晶，是文化、思想之外观。文庙建筑之美，不仅仅表现在材料美、线条美、色彩美或绘画美等表面，还体现在和谐美、古典美和秩序美的内涵中。今天的南宁文庙，既体现了祭祀、教化的规制，又体现了文庙文化传承、创新的规制，还体现出中和、阳刚、儒雅之美。

整体布局

南宁文庙在迁建过程中严格参考历史文献，参考广西境内现存最古老的恭城孔庙及山东曲阜孔庙的规制，尊重历史、传统，严格依照规制设计、建造，整体建筑以大成殿为中心，以南北中轴线东西对称，格局严谨、庄重、美观，层次、等级分明，充分体现了中庸、对称等中国传统思想观念，使得其不仅适用、安全、美观，而且呈现出严肃穆的古代美和秩序感。

① 郑光复：《负正论——建筑本质新析》，载《新建筑》1984年第2期。

局部雕琢

南宁文庙宫墙为朱红色，屋顶为绿色琉璃瓦，占地面积30667平方米，其中建筑面积3500平方米，主体建筑由南向北沿着山坡纵向展开，逐次抬升，依次为棂星门、状元门、泮池、状元桥、大成门、大成殿、崇圣祠、明伦堂。

状元门内东西两侧各矗立两座碑亭，两侧的两座碑亭各矗立在东西的礼门与义路的大道两旁，分别放置《邕州学记》《重修南宁路学记》《南宁府学科第题名碑》和《迁建南宁孔庙碑记》四块主要碑刻。

泮池和状元桥东西靠墙两侧分别是更衣所、省牲所。

大成门东西两侧分别是名宦祠、乡贤祠。大成门内东西两侧分别是东庑、西庑。

大成殿为重檐式歇山顶，黄色琉璃瓦，面阔七开间，进深五跨间。

南宁文庙布局图

崇圣祠，面阔五开间，进深三跨间，用原南宁文庙大成殿原材料按原貌修复而成，意在恢复八百年前的原貌，使文庙之灵魂得以延续、保存。崇圣祠东西两侧分别是东配、西配。

明伦堂，是南宁文庙传统的读书、讲学、弘道、研究之所，是南宁文庙的"庙学"之"学"的所在。明伦堂的设立，就是要使天下人格物致知，由仁、义、礼、智、信五常，以明君臣、父子、兄弟、夫妇、朋友之伦，以此修身治国平天下。

明伦堂东西两侧分别为尊经阁、敬一亭。

南宁文庙以御道为中轴线，以礼门、义路和前后另外两处东西侧门，形成"丰"字形三条横向交通次轴线，除了寓意吉祥、整体美观之外，还起到交通疏散的作用。除主体建筑以御道为中轴线左右对称之外，其他建筑如名贤祠与乡贤祠，东庑与西庑，尊经阁与敬一亭，甚至是除了礼门、义路之外的前后另外两处东西侧门，都分别做左右对称处理布局，不仅气势恢宏，而且精致美观。

04>

南宁文庙的建筑与特点

门围建筑

祠祀建筑

教学建筑

任何建筑的样貌，都是其内在精神的显现。南宁文庙的建筑，在儒学思想与南宁地域文化的影响下，不仅侵染着中国传统文化精神，而且又独具自己的魅力：方正对称之布局，隆重之规模，肃穆之气氛，体现了儒学"天人合一"之理念，彰显了中国的政治伦理观与美学境界；而石（砖）雕、木雕与灰雕等，则诠释着壮族地方建筑之风格。

门
围
建
筑

棂星门与下马碑

　　棂星门移入文庙专用作为大门，始于宋景定年间（1260—1264）。开始取名为"灵星门"，后改"棂星门"[①]，寓意孔子乃天上星宿下凡，象征要像尊天一样尊孔，是对孔子及其学说之褒奖、尊崇。其规格有九门、七门、五门和三门，有房屋式与牌坊式。

南宁文庙棂星门

①《宋史·礼志二》。

南宁文庙之棂星门为纯青石砌成，六柱五门，长15米，宽2.5米，气势非凡，位于南宁文庙中轴线最前端的建筑，是一座由六根大石柱支撑、清一色青石砌筑而成的石质牌坊式大门。门头上以青石雕刻着"棂星门"三个大字，旁边的横梁上配以双龙戏珠、双凤朝阳等浮雕，古朴庄重。

龙，鳞虫之长，能幽能明，能细能巨，能短能长，春分而登天，秋分而潜渊（《说文解字》）。珠，指夜明珠、珍珠。《述异记》卷上记载："凡珠有龙珠，龙所吐者……"传说龙能降雨。民间遇旱年常拜祭龙王祈雨。有庆丰年，祈吉祥之意。而龙珠是与龙有关的珠。《庄子》有云："千金之珠，必在九重之渊而骊龙颔下。"《埤雅》也言"龙珠在颔"。双龙戏珠起源于天文学中的星球运行图，火珠是由月球演化来的。从汉代开始，双龙戏珠便成为一种吉祥喜庆的装饰图纹，寓意无限之生机与活力。

凤，为中国古代传统吉祥纹饰，最早出现于商代。相传凤为群鸟之长，在古代被尊为鸟中之王，是祥瑞的象征。《山海经·大荒西经》曰："有五彩鸟三名：一曰皇鸟，一曰鸾鸟，一曰凤鸟。"说文解字云："凤，神鸟也，天老曰：凤之象也，鸿前麟后，蛇头鱼尾，鹳颡鸳思，龙文龟背，燕颔鸡啄，五色备举。……见则天下安宁……"唐宋以后，凤纹更为盛行，神人合一被比作帝王的后妃。《诗经·大雅·卷阿》曰："凤凰鸣矣，于彼高冈。梧桐生矣，于彼朝阳。"凤凰分雌雄，雄者称之为"凤"，雌者称之为"凰"，两者成双成对，也被称为"双凤鸟"。双凤朝阳，乃吉祥和谐的美好寓意。

六根大石柱顶端各有一头小石狮驻足前视。狮子，相貌凶猛，勇不可当，威震四方，是百兽之工。人们把狮子视为瑞兽，狮子塑像在世界各地到处可见。在中国，狮子在百兽中占据着至高无上的地位，狮子塑像也成了权威的象征，古人认为狮子不但可以辟邪，而且可以带来祥瑞之气。

棂星门门楣雕刻着五幅有特色的精致的浮雕，除了《双龙戏珠》之外，还有《加冠晋爵》《鹿竹同春》《松鹤延年》与《天官赐福》。在中国古代神话中，龙珠是龙的精华，是龙修炼的元神所在，这里的《双龙戏珠》雕刻着两条龙对玉珠的争夺，象征着人们对美好生活的追求。《加冠晋爵》是中国传统题材，这幅图中"弱童加冠""童子献爵"栩栩如生，寓意美好。《鹿竹同春》图展现的是四只昂首站立、两只卧地憩息于竹节分明、竹叶清晰的丛竹之下的群鹿，"六""鹿"与"禄"谐音，呈现生机勃勃的春天，寓意福禄同竹，生生不息。《松鹤延年》画中身材高挑之仙鹤飘逸在苍翠蜿蜒摇曳的古松中，寓意如松鹤般高洁，长寿。《天官赐福》图画中天官（即紫薇大帝）头戴如意翅丞相帽，五绺长髯，身穿绣龙红袍，扎玉带，怀抱如意，手执"天官赐福"四个大字横幅，背靠花团锦簇的"福"字，头顶祥云，五只蝙蝠环绕，脚下寿桃，象征着"多福多寿"，把美好幸福生活赐予人间。

南宁文庙棂星门前东侧有一座通高两米半的下马碑，刻有"官员人等至此下马"，警示所有参拜文庙的人员，无论职位高低，都必须下轿、下马、下车，以示对先师孔子的尊敬。

南宁文庙之下马碑

状元门

状元是科举时代儒者之精英，是窥见孔夫子门径之人，可以循正门登堂入室，因此状元门只为中状元者或御驾亲临的皇帝打开。状元门一般分为两种：一道门或三道门。

南宁文庙之状元门（图片来源：图虫创意）

三道门之中间为状元门，左右两边分别为榜眼门与探花门。根据规制，未诞生状元之地的文庙不能修建状元门，而以照壁挡之，需待本地人高中状元后方可在照壁上开大门，即状元门。

南宁文庙的状元门建有三道门，是一堵宫墙式的朱红色外墙建筑，单檐歇山顶结构，基座为石砌阶梯，总面阔13.4米，进深7.8米，通高9.6米。穿过棂星门即来到状元门，这是南宁文庙的第一座门。

状元门正脊两侧的鸱吻为两只鳌鱼。鳌鱼是一种神化、综合性的神兽，龙头、鱼身，并且带有四个脚，明代陆容写的《菽园杂记》中有载："鳌鱼，其形似龙好吞火，故立于屋脊上。"[1]这里既有护脊消灾之意，又有"鱼跃龙门"，象征文章显达，准发科名之应的寓意。

状元门正脊上方为一彩塑果篮，内置三个仙桃。桃，在中国传统文化中是一个吉祥符号，也是一个多义的象征体系。在中国人的文化观念中，有着生育、吉祥、长寿的民俗

南宁文庙状元门上之精美彩塑

象征意义。这里的三只圆形仙桃寓意科考中三元及第。

状元门垂脊的檐角分别是四只彩塑金身麒麟。麒麟是中国人按照自己的思维方式复合构思所产生、创造的动物，是中国古代神话传说中的传统祥兽，传说中被赋予了性情温善，不覆生虫，不折生草，头上有角，角上有肉，设武备而不用之优秀品质，被称为"仁兽"。古人认为，麒麟出没必有祥瑞，是仁慈祥和的象征，在传统文化中寓意太平、长寿。

状元门之门楣有《福禄相辅图》《独尊图》《杜官图》《平步青云与一路连科图》《麒麟送玉书图》《三英夺魁图》《鸟语花香图》《飞禽走兽图》《三元及第图》和《青梅竹马图》等灰雕图画。《福禄相辅图》描绘的是一只蝙蝠与一只仙鹿在一片祥云、一丛鲜花之间形似相互回头呼应，形似相辅相成。"蝠"通"福"，"鹿"通"禄"，"蝙蝠"寓"遍福"，云纹形若如意，寓意绵绵不断，意为如意长久。此图象征幸福，如意或幸福延绵无边。

《独尊图》展现的是一只雄鹰展翅飞翔于图画中间，暗喻读书人高中状元；旁边盛开的鲜艳梅花映示梅花"香自苦寒来"，告诫世人：高中状元是稀有难得值得独尊之学位功名，而且高中状元需要十年寒窗苦读与历经常人难以想象的磨炼。《杜官图》展示的是两只形象类似兔子的古稀有动物——"杜官"沿着一条前面盛开着两朵花瓣的藤蔓愉悦玩耍，攀爬前行，寓意读书人高中状元后仕途亨通，前程似锦。"平步青云与一路连科图"画是由蜻蜓、鸽子、蝴蝶、鹭鸶、莲叶与莲花构成的图案，其中"蜻"与"青"同音，与鸽之步态勾勒出"平步青云"的典故；而"莲"和"连"同音，"鹭"和"路"同音，又形成"一路连科"之深意。此图通过双串意义之方式组合成图，展现对读书人的美好祝颂。

麒麟乃古代传说中的动物，古称之为"仁兽"，麒麟预示瑞兆的吉祥寓意被古代人民广泛认同[1]，借喻为杰出之人。据《名山藏》记载："孔子将生，有麒麟吐玉书于阙星，圣母以绣系麟之角。"此处雕刻《麒麟送玉书图》，以期祥瑞降临，圣贤诞生。《三英夺魁图》，刻画三只雏鹰于盛开鲜花的梅花树上用嘴相互争抢一条长条昆虫，寓意读书人学贵有恒，奋勇争先。《鸟语花香图》雕刻的是一只雏鸟流连于开满鲜花的梅树上，告诫读书人要学业有成就不可沉迷于舒适环境中。走兽以麒麟为长，飞禽以凤凰为长。《飞禽走兽图》雕刻的是一只麒麟与一只凤凰各自以奔跑和腾飞的方式，奔向一座空中宫殿，寓意人类对美好生活之向往。《三元及第图》刻画的是灰、青、红三条鲤鱼，青鱼居中嘴前逼近三枚铜钱，灰、红两鱼自左右向其奔去，寓意读书人争取功名之意愿。《青梅竹马图》则通过雕刻青色之梅花、竹子与灰白色的小马驹、如意等，形象刻画出"青梅竹马"之典故。

状元门之左右侧则是"万仞宫墙"。"万仞宫墙"之"万

① 宋明亮、莫沃佳、许继峰等：《从传统"四灵"看吉祥文化意识观》，载《艺术生活》2006年第1期。

仞"是用来形容孔子学问之深渊，"源起于子贡盛赞孔子学问为数仞，后经民间演化，为万仞"[1]。此乃南宁文庙中轴线上的第一座建筑，当其"影壁""照壁"，其名源于"夫子之墙数仞，不得其门而入，不见宗庙之美"[2]，为明朝学者胡瓒宗所改。

碑亭

状元门内，东西两侧各有两座四角碑亭，分别为《迁建南宁文庙碑记》《邕州学记》《重修南宁路学记》和《南宁府学科第题名碑》。《迁建南宁文庙碑记》是中共南宁市委、南宁市人民政府立，记录了21世纪南宁文庙迁建事宜。《邕州学记》《重修南宁路学记》和《重修南宁路学记》则分别是宋朝时期的邓容、元朝时期的文璧与明朝时期的方瑜所篆刻的碑记。

[1] 张志刚：《山东行知书》，广东旅游出版社2005年版，第28页。
[2] 刘宝楠：《论语正义》，中华书局1986年版，第409页。

南宁文庙之礼门

南宁文庙之义路

礼门和义路

礼门和义路是碑亭东西两外侧的两座门廊式青石石砌牌坊，四柱三间，楣头上雕刻有双龙戏珠、双凤朝阳等浮雕，柱帽是四只驻足眺望之青石蹲狮，实为东西两向两道门。东向者为礼门，西向者为义路，语出自《孟子·万章下》："夫义，路也；礼，门也。惟君子能由是路，出入是门也。"孟子把"仁""礼""义"分别比作"宅""门""路"，指君子循行的礼仪之道，即进礼门行义路，意在让人走进文庙感觉到无处不在的仁义礼教，感受儒家文化的博大精深。

状元桥和泮池

南宁文庙过了碑亭就走上状元桥。南宁文庙的状元桥为青石铺筑，青石为栏，分为左、中、右三道桥。中桥为状元桥，高度乃三桥最高，供中状元者走，桥面上刻有一块云纹

南宁文庙之状元桥与大成门（图片来源：图虫创意）

浮雕"青云石",寓意"平步青云";左桥为榜眼桥,高度仅次于中桥,供榜眼者走;右桥为探花桥,高度为三桥最矮,供探花者走。状元桥左、中、右三桥九孔均为青石拱桥,桥面两侧矗立石栏,石栏上分别雕刻着内容各异的精美图案。泮池位于状元桥下,且延伸在其两侧,以青石板和石柱建造,呈半圆形。旧时按照南宁文庙礼制,学童入学,需要过泮池,乃固定礼仪,而且只有考上秀才方可进入文庙朝拜,在泮池洗笔。

文庙大成门正前方的半月形水池乃文庙泮池。春秋前期,鲁僖公(前659—前627在位)在鲁国都城(今曲阜)泮水岸边修建泮宫,兴学养士,随后各诸侯国纷纷效仿,在国内修筑泮宫,开凿泮池。于是,泮宫成为学宫之专指。因泮宫东、西、南三面围以水池,形如半壁,乃取泮池为其名,寓意玉璧之半之深意。泮池后为儒家学宫、文庙专用。文庙泮池上之桥称为泮桥,一般由三座半圆形弧形拱桥并列组成,每座三个门孔,共九个门孔。明清时期府、州、县学新进生员均由此桥入学宫参拜孔子,故称入学为入泮或泮游。

更衣所与省牲所

更衣所是孔庙为祭拜孔子前更衣之用。南宁文庙更衣所位于泮池东侧,祭孔前主祭官在这里沐浴、更衣,并斋宿三天。省牲所为主祭及助祭者审察、宰杀祭祀所使用的牲畜之用。南宁文庙省牲所位于泮池西侧。

大成门

文庙大成门是通往大成殿区域的正门，为一般文庙的第二道门，又称仪门或戟门。所谓仪门，按照礼制，进此门者，衣冠整洁，仪表端正，以示对先师孔子的尊敬；所谓戟门，是因为自宋代起门两旁陈放紫戟等用作迎接封建帝王或钦差大臣的仪仗，相当威严，因而得名。大成，取自《孟子》"孔子之谓集大成"[1]，喻孔子集古圣先贤之大成的至高境界。

南宁文庙的大成门位于状元门之后，为南宁文庙的第二道门，由四根雕工精细、栩栩如生的雕龙石柱撑起。大成门一般为石木结构，单檐歇山顶，面阔三间，进深两间，四扇屏风式门上设计有由木条组成菱形对称图，造型古朴，美观大方。南宁文庙大成门为硬山顶，铺黄色琉璃瓦，正中间脊饰设计成展开的"书卷彩雕"，寓意读书之重要。书卷彩雕左右侧各以博古置放一个"寿桃纹"，寓意延年益寿。此外，

---

[1] 《孟子·万章下》。

南宁文庙之大成门的精美脊饰（图片来源：图虫创意）

还配有鳌鱼造型及其他精美灰雕图画装饰。大成门一般不打开，遇重大典礼才开启，平时使用左右两旁的掖门。

大成门门楣图画非常精美，有《步步为营图》《葵蝶图》《双喜戏桃图》《桃李同林图》《梅兰君子图》和《古柏图》。《步步为营图》描述的是三只兔子各自在花藤上行走，告诫世人要做成事，就要行动缜密、扎扎实实。"兔"与"步"近音，暗喻步步为营之本意。《葵蝶图》刻画的是葵花向阳开，蝴蝶花中飞，喜庆祥和，寓意人丁昌盛。《双喜戏桃图》描绘的是两只喜鹊在桃树枝条上遥遥相望，都在期盼已经长满叶子的桃树早日开花结果，表达成人成事之愿望。《桃李同林图》刻画的是已长大成材的桃树与李树相依成林，比喻桃李芬芳，暗喻栋梁之材辈出。《梅兰君子图》将梅花、兰花刻画在此图案中。梅，探波傲雪、剪雪裁冰、一身傲骨，是为高洁志士；兰，孤芳自赏、香雅怡情，是为世上贤达，寓意读书人之优雅与风骨。《古柏图》刻画一棵参天古柏，寓意长寿、勇敢、坚强及坚贞不屈。

宁文庙之乡贤祠和名宦祠

乡贤祠和名宦祠

文庙乡贤祠奉祀的都是当地出身的著名官员、地方绅士、知识界的社会名流。南宁文南庙乡贤祠红墙绿瓦，位于大成门西侧，面宽三间，进深三间，里面附祀有五十一位乡贤。名宦祠奉祀当地历代政绩突出的外籍官员。南宁文庙名宦祠亦为红墙绿瓦，位于大成门东侧，亦面宽三间，进深三间，里面附祀有一百五十六位名宦。南宁文庙的乡贤祠和名宦祠现为南宁历史上社会贤达、知名地方官员的展览厅。

大成殿

过了大成门便是一个宽阔的广场，广场中间由一条阔石铺就的大道将大成门与另一座雄伟的宫殿连接起来。这就是南宁文庙的中心、主体建筑物——南宁文庙主殿大成殿。"孔

南宁文庙之气势磅礴的大成殿（图片来源：图虫创意）

南宁文庙之雕刻精美的龙壁

子之谓集大成，集大成也者，金声而玉振之也。"[1]大成由此而来。宋崇宁元年（1102年）徽宗下诏将唐朝以来孔庙的文宣王殿以"大成"为名，宋崇宁三年（1104年）正式命名为"大成殿"。南宁孔庙的大成殿月台（露台）由汉白玉雕刻精细的栏板围成。通往大成殿正门需上九级台阶，台阶中间是雕刻精美的龙壁，为大成殿的第一道屏障，不仅起到装饰点缀、昭示孔子身份的作用，而且烘托出大成殿更加庄严肃穆、富丽堂皇，同时寓意保护风水、镇魔逐邪。

南宁文庙大成殿严格按照孔庙规制建设，是整座文庙建筑群中等级最高之建筑物，面阔七间，进深五间，通高13.8米，总宽35.6米，总深23.8米。大成殿作为祭祀孔子的正殿、主殿，是文庙的核心。大成殿为重檐歇山顶，屋脊在南宁文庙各建筑中为最高。最高点是其正脊上方，为气势磅礴的双龙戏珠彩塑，以突出孔子的崇高地位。

南宁文庙大成殿的屋脊浮雕最为精美，由《松鹤图》《封侯挂印》《鲤鱼跳龙门》《渔樵耕读》《梅鹊图》《鼠菊图》《竹

① 杨伯峻：《孟子译注》，中华书局2012年版，第22页。

南宁文庙之大成殿精美的屋脊浮雕

林鸳鸯图》《福禄寿图》《仕路风雨桥》和《一路连科》十幅图组成。《松鹤图》描绘的是一只仙鹤徙息于一棵盘旋围绕、形成重合的特殊造型的老松树。松是"岁寒三友"中的主角,寿命最长,民间有"寿比南山松不老"的说法,寓意长生不老;鹤则因其有灵气而寓意吉祥。松树、仙鹤都代表长寿,因此鹤与松结合,是吉祥和好运、坚贞长寿、吉星高照的象征。另外,此处盘旋围绕、形成重合的特殊造型的老松树,因粤语"松鹤"与"重合"同音,不仅寓意着人世间悲欢离合是常情,劝世人做人要懂得放下,而且还寓意着"重合"因其之不易而珍贵,劝世人做人要重视"合"。可见,其教化意义之深刻。《封侯挂印》画的是一只猴子爬在枫树上悬挂一枚印子。因"枫"与"封"同音,"猴"与"侯"同音,故谐音"封侯",映射"封侯挂印",寓取得高官厚禄之意,以表达吉祥祝福。《鲤鱼跳龙门》画的是一条红鲤鱼跳跃一扇由一条青龙把守的龙门。《埤雅·释鱼》:"俗说鱼跃龙门,过而为龙,唯鲤或然。"《蠕范·物体》:"鲤……黄者每岁季春逆流登龙门山,天火自后烧其尾,则化为龙。"古代传说黄河鲤鱼跳过龙门,就会变化成龙,比喻中举、升官等飞黄腾达之事,也比喻逆流前进,奋发向上,鼓励世人不安现状、积极上进。《渔樵耕读》表现的是一位水边的钓鱼者、一位扛着锄头农夫和一个挑着柴火路过的砍柴人，不约而同地聆听美妙的读书声，且均似颇为感悟，既寓意淡泊自如的人生境界，又寓意着繁荣昌盛之美好社会。《梅鹊图》画的是两只喜鹊挺立于盛开鲜花的梅枝上，暗示梅开春不远，表达对春天之期盼，寓意世人要珍惜青春，不负芳华。《鼠菊图》刻画的是两只老鼠分别爬上左右对称的挂满葡萄的葡萄藤上，暗喻学子们要珍惜苦读取得之学业成绩。《竹林鸳鸯图》画的是鸳鸯徙息于竹林中。竹林寓意舒适生活环境，鸳鸯寓意友爱、和谐。此图暗喻世人，只有对生活充满仁爱与信心才是美好的社会。《福禄寿图》将蝙蝠、仙鹿、寿星、松树和百合巧妙地组合在画中，"蝠"同音"福"，"鹿"同音"禄"，因此五者暗喻：不仅"福""禄""寿"齐全，而且无穷无尽，生活美满。《仕路风雨桥》以风雨桥将左边之文房四宝，与右边的盆景果实连接起来，寓意只有经过寒窗苦读才有仕途与幸福，勉励世人勤于读书。《一路连科》表现的是，一只母鸡、一只公鸡带领三只小鸡行走在莲花池边，三只排成队的小鸡就是"一路"，莲池之"莲"通"连"，公鸡叼着一只蝌蚪，"蝌"字通"科"，寓意应试求连、捷，仕途顺遂，祝贺连连取得科考好成绩。

大成殿为庙内最高规格，飞檐高翘，重檐歇山顶，顶置龙脊，鸱吻螭兽俱全，脊皆以缠枝莲纹砖砌筑，不仅表现在其他装饰彩绘之规模、技艺、色彩品质上，而且体现在屋脊的开间尺寸。大成殿十门排开，殿面尽覆盖琉璃筒板瓦，殿檐下为五铺作双抄双平昂。柱头、补间铺作华丽，棂格隔扇、腰华板、裙板等皆有华美雕饰。四周绕以回廊、高台基，庄重、肃穆、文雅之风韵。

南宁文庙大成殿四周绕以花鸟、卷草为图案的青石栏杆。这些装饰图案可谓雕刻精美，并且寓意深刻，催人奋进。其主要图案有"鹿鹤同春"和"梅""菊""竹""兰"。"鹿鹤同春"是传统吉祥图案，因"鹿"与"六"谐音，"鹤"与"合"谐音，此处选取一只梅花鹿、一只仙鹤、一棵松树和祥云构成精美图案。此图又称"六合同春"，六合指天地四方，即天地和东南西北，亦泛指天下，寓意天下万物皆春，勃勃生机，充满活力，欣欣向荣。梅，乃落叶乔木，性耐寒且迎寒而开。此处图案之"梅"叶子为卵形，花瓣五片，果实球形，使人眼前似乎浮现早春粉红、白、红等色彩斑斓之"梅景"，鼻闻到清香梅花之气味，让人在体味其美艳绝俗之后，细品梅花之经霜熬雪、不畏严寒之个性，给人以坚忍不拔的人格暗示。菊，多年生草本植物，秋天开花，极具观赏性。此处"菊"之图案，三朵风韵翩翩艳放之菊花错落有致地点缀在一根菊茎上，辅以含苞之其他花蕾及菊枝、菊叶，清丽淡雅之清香、色调跃然石上，袭人而来。观之，不得不感佩菊之恬然自处、傲然不屈的高尚品格。竹，四季青翠，傲雪凌霜，倍受中国人喜爱。此处"竹"图案共有两组竹丛，每丛三枝，均枝干挺拔且饱满修长，一组三枝并列整齐划一，另一组则两枝并列一枝独秀，寓意做人的不同俗流之高雅。兰，指兰花，多年生常绿草本植物，被人誉为百花之英。孔子不止一次咏兰，最著名当数《孔子家语·在厄》载："芷兰生于深林，不以无人不芳；君子修道立德，不为穷困而改节。"此处图案之"兰"，是两丛并排之兰花，披针形叶片干净洁雅，一丛三花，另一丛四花，似放非放，难以捉摸。其之优雅空灵寓意着谦谦君子。在中国古典文学及文化中，梅、兰、菊、竹合称四君子，而竹、梅、松并称为岁

南宁文庙之大成殿精美的青石镂空浮雕滚龙柱

寒三友，其育人、教化功能之持久是不言而喻的。

南宁文庙大成殿青石栏杆内侧为高台基，高台基上以回廊环绕大成殿四周。支撑回廊的是二十四根用整块石头雕刻成的石柱。特别是大殿前廊矗立的八根高5米、直径1米的青石镂空浮雕滚龙柱，每根石柱各两条五爪金龙，上下对翔，升腾盘戏，十六条滚龙跃然石上，神态各异，栩栩如生，工艺精湛，特别精美，为目前同类建筑中最大的石雕龙柱。龙柱表达腾飞云天、纵横宇内之意愿。南宁文庙大成殿主殿共有四十根石柱。大成殿内则矗立着八根直径0.8米、高13米、一人合抱不拢的印尼进口菠萝格木修造的木柱，亦为同类建筑所罕见，气势恢宏、庄重肃穆。

大成殿中央，黄铜塑身的、高达3.8米、纵横2.4米乘以2.3米的孔子帝王坐像端坐于1.5米高、纵横3.5米乘以3米的须弥底座之上。孔子头戴十二旒冠，身着十二章衮服，手持笏板，谆谆教导和蔼亲切之面容，形象温暖慈祥，展现"温而厉，威而不猛，恭而安"的圣人气度。南宁文庙孔子帝王坐像由中国著名雕塑艺术家石向东（广西人）创作完成，被相关专家誉为目前世界最大、最标准、最漂亮的孔子帝王坐像。背后矗立高达6米、宽6.5米的明清式样雕九龙图案的塔式椴木屏风。像前是供台、礼器，笾豆案上摆放：铏二，登一，簠、簋各二，笾、豆各十，爵三，烛台二。

南宁文庙摆放的铏是一种青铜礼器，为古代盛羹的鼎，其圆口，有盖，两耳三足，口径16.2厘米，通高26.2厘米。登，"礼器也，以荐太羹"[1]，南宁文庙之登，口径14厘米，通高18厘米。簠，一种祭祀的礼器，祭祀时盛放黍、稷、粱、稻等饭食的器具，基本形制为长方形，盖和器身形状相同，大小一样，上下对称，合则一体，分则为两个器皿。此处的

[1] ［清］孔令贻辑：《圣门礼志》。

簋，长25厘米，宽14厘米，通高18厘米。簋，一种祭祀的礼器，古代盛食物的容器，敞圆口、双耳，此处的簋，口径为18厘米乘以29厘米，通高22厘米。笾，一种祭祀的礼器，似豆而盘平浅、沿直、矮圈足，从豆分化而来，有竹编，又有木制、陶制和铜制等多种，用于盛果实、干肉。豆，一种祭祀的礼器，盛食物的高脚器皿。此处之豆，为青铜制作，口径14厘米，通高23厘米。爵，一种祭祀的礼器，古代用于饮酒，三足。此处为青铜制作，通长20.7厘米，通高25厘米。

位于孔子像前的东西两侧的是四配像，四尊四配像均为玻璃钢塑身，每座高2.5米、纵横1.5米乘以1.3米，立于高0.8米、纵横2.6米乘以2.5米的底座之上，均为公侯坐像，头戴九旒冠，身着九章衮服，手执笏板。东侧为颜回、孔伋由里向外排开，居东面朝西向，西侧为曾参、孟轲由里向外排开，居西面朝东向。四弟子两两相对坐像作为四配分伺孔子坐像两侧，其前两边摆放礼乐器，礼器全部为铜制，有爵、登、簠、簋、豆、铏、圣殿花瓶、象尊等。四配每位配一案，每案摆放：铏二，簠、簋各一，笾、豆各八，爵三，烛台二。

南宁文庙大成殿左右两侧紧靠隔扇处，是临摹台北"故宫博物院"南薰殿藏至圣先贤半身像册而成的十二哲铜铸画像。右侧为闵子（损）、冉子（雍）、端木子（赐）、仲子（由）、卜子（商）和有子（若）；左侧是冉子（耕）、宰子（予）、冉子（求）、言子（偃）、颛孙（师）与朱子（熹）。北面隔扇前，是临摹明朝版三十六幅彩绘绢本《孔子圣迹图》中的《杏坛礼乐图》《退修诗书图》，加工创作而成的七十二贤人画屏，画屏共两幅，单幅长8米，高1.6米，每幅画屏绘制三十六位贤人。

南宁文庙之乐器（图片来源：图虫创意）

南宁文庙的乐器都可按音律演奏，有编钟、编磬、建鼓、埙、特钟、特磬、琴、瑟、搏拊、敔、柷和凤箫等。

编钟，是中国古代重要的打击乐器，是钟的一种，兴起于西周，盛于春秋战国直至秦汉，由若干个大小不同的钟有次序地悬挂在木架上编成一组或几组，每个钟敲击的音高各不相同，钟身都绘有精美的图案。南宁文庙的编钟分上下两排，每排由十六个钟组成，分上下两组分别整齐地安置于高大结实的红色架子上，是演奏祭孔乐曲的主要乐器。

编磬是古代一种打击乐器，用石或玉制作，演奏打击时，发出不同音响。南宁文庙的编磬由片状灵璧石组合而成，分上下两组整齐地安置于高大结实的红色架子上，每组十六面。

建鼓是我国出现最早的鼓种之一，又称转班鼓。鼓身长而圆，鼓体较大，中间稍粗，两端略细，两面蒙皮，用两棰击鼓一面，音量洪大，传播甚远。此处建鼓有方形孔，以木柱撑其方孔而竖立。

埙，吹奏乐器，多用陶土烧制而成，也有木、骨或石制的，多为上小下大的鸡蛋形，有一至十几个音孔。此处的埙是陶土烧制的，如鹅蛋大小，六孔，顶端为吹口。

特钟，古代一种打击乐器，又称"镈钟"，用木槌击奏。此处的特钟为青铜制作，单独安置于结实、精致的红漆木架上，声音洪亮。

特磬是古代一种打击乐器，玉或石制。此处的特磬，单独安置于结实、精致的红漆木架上。寓意金声必兼玉振，特磬为玉振之声。

琴，弦乐器，神农所作，洞越练朱五弦，周加二弦，共七弦。南宁文庙的琴，不仅仅作为乐器使用，而且有君子之器的正德象征，正所谓，琴者，禁也，即禁人邪恶，归于正道。

瑟，中国传统弹拨乐器，共有二十五根弦。最早的瑟有五十弦，故又称"五十弦"。瑟体多用整木斫成，瑟面稍隆起，体中空，体下嵌底板。瑟面首端有一长岳山，尾端有三个短岳山。尾端装有四个系弦的枘。首尾岳山外侧各有相对应的弦孔。另有木质瑟柱，施于弦下。

搏拊，简称"拊"，古代打击乐器，据《释名·释乐器》载："搏拊形如鼓，革制，内盛糠，以手拊拍之。"南宁文庙的搏拊，以皮革制成，专用于雅乐。

敔，又写作"圉"，以木料制成，其形状如虎，背上刻有二十七个锯齿，用木尺划而发声。《释名》说："敔以止乐。"用于乐曲的终止处。此处的敔，用于刷击，表示祭孔乐曲之演奏结束。

枳，中国古代打击乐器，方形，以木棒击奏，用于宫廷雅乐，表示乐曲开始。南宁文庙的祝，形如木制方箱，红色漆成外表，用于祭孔音乐开始的起乐。

凤箫，即古代排箫，因比竹为之，参差如凤翼，故此而得名。南宁文庙的凤箫，用凤纹装饰。

南宁文庙大成殿内墙背后是铜箔的《退修诗书图》《杏坛礼乐图》。《退修诗书图》描述的是在春秋战国时期，孔子的观念、主张得不到认可，退修诗书的情景。《杏坛礼乐图》则刻画孔子杏坛设教，收徒授学，专心治学。此两幅图，彰显孔子找准了自己的人生目标和定位，教书育人，成为美谈，世人称颂，后世将杏坛作为孔子兴教的象征。

东西庑

南宁文庙的东西庑，对称分列于大成殿两侧，共六间，古时用于供奉先贤和先儒，各供奉先贤先儒七十四位，是学宫、儒学教官之衙署，亦是祭祀乐器之库房。现用作中国历代服饰展、海内外孔庙巡礼展。

崇圣祠

崇圣祠原名启圣祠，为主祭孔子父亲叔梁纥的场所。叔梁纥在宋真宗大中祥符元年（1008年）被追封为齐国公；元文宗至顺二年（1331年），加封为启圣王，嘉靖立祠时便以"启圣"冠名。清雍正二年（1724年），孔子五世先祖被追封王爵后，改名崇圣祠，祭祀孔子五世先祖。

南宁文庙之崇圣祠（图片来源：图虫创意）

南宁文庙大成殿之后便是崇圣祠。崇圣祠面阔五间，进深三间，总宽19.76米，总深17.42米，通高11.8米。其主体框架全部由旧南宁文庙大成殿数百年树龄的铁力木按照原貌修复而成：八个石柱是明清两代南宁文庙沿用至今的文物；檀柱椽梁等材料多为旧孔庙存留下来的原物，颜色虽为暗旧，结构却非常坚固，木构架为穿斗式，柱子无梁，以穿枋连接立柱，明清建筑风格，是南宁文庙整个建筑群中最为珍贵的历史文物。崇圣祠的顶横梁清晰地记录清道光年间南宁文庙的修缮字迹，其建筑构件及结构是南宁文庙最珍贵的历史文

南宁文庙之崇圣祠内的旧孔庙存留下来的檀柱椽梁
——横梁（写有大清道光年间南宁府的修缮记录）

南宁文庙之崇圣祠内的先师孔子行教像

化遗产。其规模比大成殿小，但基脚较大成殿高，其一砖一瓦都是文物，雕刻技艺精湛的门、窗、檐板、腰华板和裙板，大显庄重、肃穆、文雅之风韵。

南宁文庙崇圣祠正中央，雕刻着一幅高达3.8米的以唐朝画圣吴道子之名画为底本的先师孔子行教像。四周依照明万历年间孔子圣迹图烧制而成的五十幅红陶壁画，展现孔子人生历程，颂扬孔子作为中国传统文化圣人高尚人格情操、博大精深思想。红陶孔子圣迹图为世界上唯一的红陶孔子圣迹图，由广西南宁著名红陶艺术家卢权智创作，为世界上最大的红陶艺术品。

南宁文庙崇圣祠为单檐歇山顶，正脊上方中间为"葫芦蔓带"造型装饰。葫芦，藤蔓绵延，果实累累，籽粒繁多，中国人视其为子孙繁盛、给人类带来福禄、驱魔辟邪之祥物。葫芦又称"蒲芦"，谐音为"福禄""护禄"，其枝茎称为"蔓带"，谐音"万代"，故而"蒲芦蔓带"谐音为"福禄万代"，其自古以来就是"福禄吉祥""健康长寿""和谐美

南宁文庙之崇圣祠正脊的
"葫芦蔓带"造型装饰

满""大吉大利"的象征，这里代表人丁兴旺，世世昌盛。

南宁文庙崇圣祠屋脊之浮雕颜色较别处略显偏暗，但亦为雕刻精美，寓意深远，由《玫蝶图》《孔子讲学图》《老松图》《福禄寿图》《竹雀戏春图》和《瓜园图》五幅图组成。《玫蝶图》由盛开的朵朵玫瑰与飞舞的蝴蝶群组成。玫瑰意味永恒与欣欣向荣，蝴蝶乃活泼可爱之像。此处此图，暗喻事物之源远流长。《孔子讲学图》为孔子侧面端坐像，七子端坐聆听讲学，七子喻"孔子化三千"。《老松图》重点呈现一棵高大不老松，其顶天立地、万古长青之气魄暗喻中国传统文化之绵延不断发展。此处的《福禄寿图》亦是取"蝠""福"同音、"鹿""禄"同音之意，以老寿星为"寿"，但是其组合与别处不尽相同，表达对美好生活之向往。《竹雀戏春图》描绘一群麻雀欢快地从翠竹林中飞跃而出，似乎在春光嬉戏游玩，暗喻崇圣祠就像春天一样是中国传统文化之发源地。《瓜园图》描绘的是一丛丛藤叶茂密、挂满金黄、圆润、硕大南瓜的南瓜藤。南瓜圆润、金黄，意为圆满、尊贵；南瓜的蔓长瓜苗寓意圆满尊贵之永无止境，映射中国传统优秀文化之博大精深、源远流长。

教学建筑

明伦堂

　　南宁文庙明伦堂是南宁文庙中轴线最后面的主体建筑，古时是南宁地方政府的官办学堂，是"学"的核心，是官学所在地。"明伦"出自《孟子》中"夏曰校，殷曰序，周曰庠，学则三代共之，皆所以明人伦也"，明伦堂即学堂。

南宁文庙明伦堂

南宁文庙的明伦堂为歇山顶，屋面飞檐高翘，鸱吻螭兽一应俱全，正脊以"松鹤延年""鹤鹿同春"等彩塑装饰。据《雀豹古今注》中载，"鹤千年则变成苍，又两千岁则变黑，所谓玄鹤也"。古人认为鹤是鸟中长寿的代表。松是古代人们心目中百木之长，在古籍中亦载有"松柏之有心也，贯四时而不改柯易叶"。松除了是一种长寿的象征外，也常常作为有志有节的代表和象征。松鹤延年则寓延年益寿或为志节清高之意。古人谓东西南北四方与天地为六合，鹤、鹿均为古代瑞物，因"鹿"与"六"、"鹤"与"合"谐音，"鹤鹿同春"也称"六合同春"，意在颂扬春满乾坤、万物滋润。正脊中间设有一"葫芦宝瓶"彩塑。此"葫芦宝瓶"为三节葫芦，三节直径相似，底层、中层高度相仿，上层为最高，寓意仕途连升三级。

南宁文庙明伦堂的屋脊浮雕亦雕刻精致，由《如意松鹿图》《喜事连连图》《马不停蹄图》和《鹿燕盼春图》构成。《如意松鹿图》描绘的是在一颗青翠多姿的老松树下，一只正朝造型别致的如意花走来的梅花鹿扭头回望着老松树，告诫学子要珍惜青春年华，称心如意就在眼前，不可回首往事空悲叹。《喜事连连图》刻画的是两只白鹤观看莲花盛开，莲叶与莲花之"莲"通"连"，加之莲叶与莲花连生，有"连连"之义，寓意捷报频传。《马不停蹄图》画的是一匹马伫足于一山中小水涧，对面乃一颗茂密之枫树，此处"枫"通"封"，寓意学子学业不可有片刻停歇，一鼓作气跨过沟坎方可成功。《鹿燕盼春图》描述一只春燕正飞入初吐嫩芽的大树，树下一只梅花鹿也在翘首以盼，旁边的鲜花已是朵朵盛开，寓意老师教书育人好似春沐万物，值得尊重与期待。

南宁文庙明伦堂现为国学教育学堂，延续其国学教育的部分功能，通过南宁古代教育、南宁近现代教育、南宁当代教育、南宁对外教育交流等展板简要展示南宁文化教育的发展历程，同时配以书法篆刻等展览。

尊经阁与敬一亭

南宁文庙的尊经阁，用于珍藏经书；敬一亭用于推崇孔子专一敬业之品行，寓意谨慎专一奉行圣贤之道、诸经之理。

东西斋与东西配

南宁文庙的东西斋，古时是学宫的书房、学舍，现用作儒家伦理道德宣传、科举展览。南宁文庙的东西配是文庙的附祀，用作库房、客房。

南宁文庙的雕刻继承了中国古代岭南的雕刻传统，即石（砖）雕和木雕，石雕主要有镂空雕、浮雕，以及刻饰等，木雕分布在檐板、隔扇、腰华板、裙板等建筑构件上，此外还有大量的灰雕装饰分布于状元门、大成门、大成殿、崇圣祠、明伦堂的不同部位之中，精美无比，精妙绝伦。

南宁文庙为仿明清建筑，宫墙为土朱色，屋顶是黄色琉璃瓦，以石头、砖头、木质结构为主。建造南宁文庙的木料全部为国外进口的菠萝格木，其主体建筑无一颗钉子，既严格传承传统规制，又传承传统榫卯工艺。南宁文庙的迁建有不少突出的创新，如把旧文庙大成殿的原材料按其原大小原样迁建后改成新文庙的"崇圣祠"，原状保护了文物；除在大成殿、崇圣祠使用木柱外，其余建筑都使用石柱；采用先固定柱子、横梁从柱旁套进的古建安装创新工艺完成柱梁安装建设；将明伦堂居中，把敬一亭、尊经阁置于其左右两侧。迁建后的南宁文庙，规模宏大、建筑雄伟、工艺精湛，集奉祀孔子先师、文化传承、国学教育与研究于一体，为南宁市重要的历史人文景观，是广西乃至岭南地区规模最大的孔庙，是岭南地区最具规模的儒家文化展示中心之一。

05>

南宁文庙的
礼仪与礼制

历史上，文庙的受奉祀人物由朝廷统一规定，规定受奉祀人物的数量、服饰、坐向及奉祀的方式。大部分从祀人选由朝廷确定，即官员提议，各部集议，最后皇帝批示。中国古代教育的主要目的是"养士"，即培养受教育者成为"圣贤"，正如孟子所主张的"人皆可以为尧舜"，鼓励受教育者除了学习之外，还要特别重视品德修养。所以，文庙通过奉祀历代圣贤鸿儒，以其生前或至上的品行、或极大的学术成就教化后世，使得圣贤鸿儒队伍得以不断延续、壮大。圣贤鸿儒上下求索、著书立说，释疑解惑，悟道、释道、传道、行道的精神可以一代代传承，在不断积淀、丰富华夏思想文化的同时，成为后世学习的楷模。总体而言，先贤以明道修德为主，先儒以传经授业为主。

主
祀

孔子（前551—前479），名丘，字仲尼，春秋末年鲁国人。孔子三岁丧父，十五岁"志于学"，十七岁丧母，十九岁开始当"委吏""乘田"，看管仓库、牛羊，二十三岁开始在乡间办学，三十岁左右广收弟子，四十七岁起专注教育、始修诗书，五十五至六十八岁周游列国，六十七岁夫人去世，六十九岁儿子先他而亡，七十一岁得意门生颜回先他而去，享年七十三岁。"故所居堂弟子内，后世因庙藏孔子衣、冠、琴、车、书，至于汉二百余年不绝。"[1]孔庙由此诞生。

孔子的影响

孔子一生可谓坎坷，虽有过不足四年的短暂从政经历，但究其一生仍以"治学""养士"为主，即从事教育兼文献整理工作。史书记载："孔子不仕，退而修诗书礼乐，弟子弥众，至自远方，莫不受业焉。"[2]孔子问礼于老聃，学乐于苌弘，学琴于师襄。孔子延续发展了尧舜思想，以道德教化、

① [汉] 司马迁：《史记》，中华书局1959年版，第1945页。
② [汉] 司马迁：《史记》，中华书局1959年版，第1914页。

修身为本作为核心，创立了儒家学说，并使之成为中国传统文化的重要组成部分。"仁"是孔子所开创的儒家文化的核心，分三个层次，即忠恕、克己复礼和力行，[1]深刻地影响着后世。"仁"在教育上体现为"有教无类"，政治上体现为"以仁御民"，管理上体现为"仁爱管理"。此外，儒家的民本及天人合一思想，都是人类宝贵的智慧。孔子不仅好学而无常师，而且首破"学在官府"的传统，开创"有教无类"民间私人办学之先河，是我国古代伟大的教育家。其以礼乐之学教授生徒，整理保存文物典籍，影响了整个中国历史。孔子在长期的教育实践中提炼出了许多影响后世的宝贵教育理论，如"诲人不倦"的职业精神、"学而不厌"的求知精神、"知之为知之"的务实精神、"有教无类"的职业爱心、"欲罢不能"的乐业情操、"反躬自省"的严谨态度以及"有教无类""温故知新""因材施教""启发诱导""学思结合""教学相长"等教育原则、方法，千百年来对中国乃至世界都产生了重要影响，奠定了中国传统教育的基本思想。孔子整理的六部先秦文献"六经"，即《诗》《书》《礼》《易》《乐》《春秋》对后世具有重要意义。后世对其评价颇高，"天不生仲尼，万古长如夜""千秋仁义之师，万世人伦之表"等都是对其的褒扬。"日月不息，师表常尊"[2]说明孔子对后世的影响越来越大。其影响已经不仅仅局限于华人世界，以研究《论语》著称的美国、日本学者早就把孔子称为"人类的导师""永恒的人类导师"[3]。

南宁文庙之主祀——孔子

祭孔与尊孔

从儒学演变来看，"宋以前是周孔并称，宋以后是孔孟并

①张岱年：《中国哲学大纲》，江苏教育出版社2005年版，第249页。
②［唐］欧阳询撰，汪绍楹校：《艺文类聚》，上海古籍出版社1982年版，第696页。
③井上靖著，包容等译：《孔子》，人民文学出版社1990年版，第3页。

称"[1]。祭祀孔子并尊奉孔子始于汉代，体现在孔子的谥号封爵。西汉平帝元始元年（1年）孔子被封为"褒成宣尼公"，东汉和帝永元四年（92年）孔子被封为"褒成侯"，北魏孝文帝太和十六年（492年）孔子被封为"文圣尼父"[2]，隋文帝开皇元年（581年）孔子被封为"先师尼父"。唐朝初期，祀礼以周公为先圣，以孔子为先师，可见周公是主祀，孔子是配享。自唐太宗停祭周公，改祭孔子为先圣，孔子的历史、政治地位得到进一步提高。武则天天授元年（690年）孔子被封为"隆道公"，唐玄宗开元二十七年（739年）孔子被封为"文宣王"，宋真宗大中祥符五年（1012年）孔子被封为"至圣文宣王"，元大德十一年（1307年）孔子被封为"大成至圣文宣王"[3]，明嘉靖九年（1530年）改称"至圣先师"[4]，清顺治二年（1645年）孔子被封为"大成至圣文宣先师"。至此，一生朴素的孔子被一次次地抬高。南宁文庙的主祀一直是孔子，且一直是坐北朝南。

　　纵观历史，孔子的封谥主要有两种：一种为"王"，另一种为"师"。其分界点为明嘉靖九年，因为这一年对祀典进行了改革。此前是为了提高孔子的政治地位，历朝历代封谥孔子为"文宣王""至圣文宣王"等，而此后则是既为了表彰孔子及其思想的教化贡献，又为了继续强化孔子及其思想的教化功能，因此封谥为"至圣先师""大成至圣文宣先师"。

① 牟宗三：《道德理想主义的重建》，中国广播电视出版社1993年版，第222页。
② ［北齐］魏收：《魏书》，中华书局1974年版，第169页。
③ ［明］宋濂等：《元史》，中华书局1976年版，第1892页。
④ ［清］张廷玉：《明史》，中华书局1974年版，第3948页。

配享

南宁文庙的配享，是颜回、子思、曾参和孟轲。颜回、子思立左（即居东向西），曾参、孟轲立右（即居西向东），由内往外分两排相对而站立于孔子像面前左右两侧。

颜回

颜回（前521—前481），字子渊，春秋末年鲁国人，聪明谨慎，严以律己，以德行修为闻名于世，是孔子钟爱的弟子，其"博学而笃志，切问而近思"[1]，为"上中仁人"[2]。孔子对其德行评价很高，被列为孔门四科十哲之德行科首位。"贤哉，回也！一箪食，一瓢饮，在陋巷，人不堪其忧，回也不改其乐。"[3]"仁人也，丘弗如也。"[4]颜回对后世影响很大，"颜潜乐于箪瓢，孔终篇于西狩。声盈塞于天渊，真吾徒之师表也"[5]。其"为仁由己"的仁者形象享誉古今，自汉代即被列为七十二贤之首。三国魏正始二年（241年）春二月，齐王曹芳使太常在辟雍以太牢祭孔时独以他为配享，唐贞观

南宁文庙之配享——颜回和曾参

① 杨伯峻：《论语译注》，中华书局1980年版，第198页。

② [汉]班固：《汉书》，中华书局1962年版，第863页。

③ [宋]朱熹：《四书章句集注》，中华书局2012年版，第43页。

④ 刘文典：《淮南子集解》，中华书局1989年版，第241页。

⑤ [南朝梁]萧统编，李善注：《文选》，上海古籍出版社1986年版，第2020页。

二年（628年）诏称"先师"，开元二十七年（739年）追封
"兖国公"，明嘉靖九年（1530年）封为"复圣"。[①]

子思

孔伋（前483—前402），字子思，战国初期鲁国人，孔子
之孙，孔鲤之子，曾子之徒，孟子之师。其上承曾子，下启
孟子，在孔孟"道统"的传承中有重要地位，是哲学家、思
想家。作为《中庸》的撰述者[②]，孔伋主张"中庸"的道德
行为标准，倡导"博学之，审问之，慎思之，明辨之，笃行
之"的学习过程和认识方法，对后世产生深远影响。孔伋的
著作《子思子》已失传，后世尊称其为"述圣"。宋崇宁元年
（1102年）封"沂水侯"，咸淳三年（1267年）封沂国公，
元至顺元年（1330年）赠"沂国述圣公"。

在文庙历史上，颜回在三国魏齐王正始二年（241年）配
享，曾参于唐睿宗太极元年（712年）配享，孟轲于宋神宗元
丰七年（1084年）配享，子思于宋度宗咸淳三年配享。直到
南宋时期，文庙"四配"才得以正式确立。

曾参

曾参（前505—前436），字子舆，春秋末年鲁国人，十六
岁师从孔子，勤奋好学，忠厚稳重，谨慎谦恭，事母至孝，
以孝著称，著《孝经》，主张"孝始于事亲，中于事君，终
于立身"[③]，且身体力行以忠恕之道著称，守孔子墓三年；
对孔子仁道领悟深刻，后儒谓其"传得其宗"。曾参提出"内
省""慎独"等修养方法，著《大学》提"三纲""八目"。其

---

① 南宁文庙博物馆编：《南宁文
庙》，广西人民出版社2014年版，
第21页。
② 杨朝明：《上博竹树〈从政〉篇
与〈子思子〉》，载《孔子研究》
2005年第2期。
③ 《孝经·开宗明义章第一》。

正心修身齐家治国平天下的思想对后世产生了深远影响，被称为"正传派"①。唐开元二十七年追封"郕伯"，宋大中符二年（1009年）加封"郕侯"（一作"瑕丘侯"），元至顺初年（1330—1333）加封为"郕国宗圣公"，明嘉靖九年（1530年）改称"宗圣"。

孟轲

孟轲（前372—前289），字子舆（又字子车、子居，待考证），战国时期邹国人，孔子第四代弟子，是伟大的思想家、教育家，主张性善论。《孟子》倡导"以仁为本"，是"四书"之一。"孔子之后惟孟子最知道。"②"与孔子合者，惟孟子一人。"③孟轲的"穷则独善其身，达则兼济天下"的④思想，千百年来不断激励后人修身、经世、济民。孟轲继承并发扬了孔子的思想，成为仅次于孔子的一代儒家宗师，有"亚圣"之称，与孔子合称为"孔孟"。宋元丰六年（1083年）封"邹国公"，元至顺元年（1330年）赠"邹国亚圣公"。

南宁文庙之配享——孟轲与曾参

① 胡适：《中国哲学史大纲》，东方出版社2004年版，第95页。
② ［宋］欧阳修撰，陈亮编：《欧阳文粹》卷七《与张秀才二》，《文渊阁四库全书》第1103册，第701页。
③ ［宋］黄庭坚：《黄庭坚全集》，四川大学出版社2001年版，第507页。
④ 《孟子·尽心上》。

陪祭

南宁文庙"十二哲"以铜像作为祭孔陪祭，分列于大成殿的东西两翼，东边为闵损、冉雍、端木赐、仲由、卜商和有若，西边为冉耕、宰予、冉求、言偃、颛孙师与朱熹。

闵损

闵损（前536—前487），字子骞，春秋时期鲁国人，孔子高徒，中国著名的思想家、教育家，"闵子以德行著名，夫子称其孝焉"[①]。闵损不仕大夫，不食污君之禄，品格很高。唐开元二十七年（739年）追封为"费侯"，宋大中祥符二年（1009年）加封为"琅琊公"，南宋咸淳三年（1267年）改封为"费公"，明嘉靖九年（1530年）改称"先贤闵子"。

冉雍

冉雍（前522—？），字仲弓，春秋末期鲁国人，孔子

[①]《孔子家语·七十二弟子解》。

南宁文庙之陪祭——十二哲

称其"可使南面"①。"南面者，人君听治之位。言仲弓宽洪简重，有人君之度也。"②其以德行著称，为人敦厚，气度宽宏，与闵子等孔子的弟子编著《论语》，将孔子思想传于后世。唐开元二十七年追封为"薛侯"，北宋大中祥符二年加封"下邳公"，南宋咸淳三年封为"薛公"，明嘉靖九年改称"先贤冉子"。

端木赐

端木赐（前520—前456），字子贡（古同子赣），春秋末年卫国人，孔子弟子中"最为富益"，以言语闻名，有干济才，办事通达，精通经济，善做生意，曾一使而动五国之政，"国君无不分庭与之抗礼"③。唐开元二十七年追封"黎侯"，北宋大中祥符二年加封"黎公"，明嘉靖九年改称"先贤端木子"。

①《论语·雍也》。
②［宋］朱熹，《四书章句集注》，中华书局1983年版，第83页。
③《史记·货殖列传》。

仲由

仲由（前542—前480），字子路（又字季路），鲁国人，为子至孝，以政事闻名，逞勇斗力，志气刚强，性格直爽，诚实守信，忠义仁勇，闻过则喜，闻善则行。仲由死于卫国之乱，孔子大恸。唐开元二十七年追封"卫侯"，北宋大中祥符二年加封"河内公"，南宋咸淳三年封为"卫公"，明嘉靖九年改称"先贤仲子"。

卜商

卜商（前507—？），字子夏，春秋末年晋国人（一说卫国人），性格勇武，为人"好与贤己者处"，有"诗书礼乐，定自孔子，发明章句，始于子夏"[1]之美誉，曾为莒父宰。卜商著作《子夏易传》传世，在教育目的论、教学过程论等方面有发展创新，主张"仕而优则学，学而优则仕"。唐开元二十七年追封"魏侯"，北宋大中祥符二年加封"河东公"，南宋咸淳三年加封为"魏公"，明嘉靖九年改称"先贤卜子"。

有若

有若（前505或前518—？），字子有（或子若），春秋末年鲁国人，勤奋好学，博学强识，品学兼优，雅好古道，重视孝道，认为"君子务本，本立而道生"[2]。他主张孝悌为本，贵和有节，推崇礼义，持守中道，藏富于民。唐开元二十七年追封"卞伯"，北宋大中祥符二年加封"平阴侯"，明嘉靖九年改称"先贤有子"。

---

[1]《后汉书·徐防传》。
[2]《论语·学而》。

冉耕

冉耕（前544—？），字伯牛，春秋末鲁国人，为人正派，以德行著称，善于待人接物，在孔门中威望很高。开元二十七年追封为"郓侯"，北宋大中祥符二年改封"东平公"，南宋咸淳三年改封为"郓公"，明嘉靖九年改称"先贤冉子"。

宰予

宰予（前522—前458），字子我（或宰我），春秋末鲁国人，孔子著名弟子。宰予使孔子"吾以言取人，失之宰予"[1]成为美谈，思想活跃，好学深思，善于提问，能言善辩，个性张扬，有质疑精神。开元二十七年追封"齐侯"，北宋大中祥符二年加封"临淄公"，南宋咸淳三年改封为"齐公"，明嘉靖九年改称"先贤宰子"。

冉求

冉求（前522—？），字子有，春秋末年鲁国人，著名学者，孔子门徒，有才艺，以政事闻名，孔子盛赞："求也，千室之邑，百乘之家，可使之为宰也……"[2]唐开元二十七年追封为"徐侯"，北宋大中祥符二年加封"彭城公"，南宋咸淳三年加封为"徐公"，明嘉靖九年（1530年）改称"先贤冉子"。

言偃

言偃（前506—前443），字子游，春秋吴国人，性情豁

---

[1] ［汉］司马迁：《史记》，中华书局1982年版，第2205—2206页。
[2]《论语·公冶长》。

达，为人行事不拘小节，以文学著称，主张用教化治理社会，开设学馆，阐扬孔子学说，教授弟子学文习字，以儒学礼仪教人育德。唐开元二十七年追封"吴侯"，北宋大中祥符二年加封"丹阳公"，南宋咸淳三年加封为"吴公"，明嘉靖九年改称"先贤言子"。

颛孙师

颛孙师（前504—？），字子张，春秋战国陈国人，为人勇武，性情偏激，广交朋友，重视德行修养，宽冲博接，从容自若，主张"士见危致命，见得思义，祭思敬，丧思哀"[①]。唐开元二十七年追封为"陈伯"，北宋大中祥符二年加封"宛丘侯"，政和六年（1116年）改封"颍川侯"，南宋咸淳三年进封"陈国公"，升十哲位，不久又称"陈公"，明嘉靖九年改称"先贤颛孙子"。

朱熹

朱熹（1130—1200），字元晦（或仲晦），南宋徽州府婺源县人，著名的思想家、哲学家、教育家及诗人，理学的集大成者。绍兴十八年（1148年），朱熹十九岁时中进士，一生著书授馆，勉学躬行，堪称读书人之楷模。朱熹创立的"朱子学"思想博大精深，内容几乎涉及中国传统哲学的方方面面。清康熙帝认为，"孔孟之后有裨斯文者，朱子之功最为弘巨"[②]。嘉定二年（1209年）诏赐遗表恩泽，谥曰文，寻赠中大夫，特赠宝谟阁直学士。宝庆三年（1227年）赠太师，追封"信国公"，后改"徽国公"。

① 《论语·子张》。
② ［清］允禄等奉敕编：《圣祖仁皇帝御制文第四集》卷一《谕满汉大学士九卿等》，文渊阁四库全书第1299册，第400页。

南宁文庙东西两庑共有配享先贤、先儒一百四十八人，以木制牌位刻名从祀。"孔庙从祀是儒家道统的制度化"[1]，先贤大多为春秋时期孔子的弟子，是文庙祭祀的第三等，而先儒是文庙祭祀的第四等。先儒位于大成殿两庑南部从祀，排在先贤之后。

东庑先贤先儒

南宁文庙东庑先贤先儒七十四位：

先贤蘧瑗[2]，字伯玉，春秋时期卫国大夫，孔子挚友，道家"无为而治"的开创者。孔子称赞其为真正的君子：君王有道，则出仕辅政治国；君王无道，则心怀正气，归隐山林。其政治主张、言行、情操对儒家学说的形成产生重大影响，谥成子，史追赠"卫伯""内黄侯"。

先贤澹台灭明，字子羽，春秋末年鲁国人，孔子弟子。澹台灭明品德高尚，学风端正，听从教诲，刻苦学习，修养

①黄进兴：《圣贤与圣徒》，北京大学出版社2005年版，第116页。
②仓修良：《汉书辞典》，山东教育出版社1996年版，第1099页。

自身，率直重诺，名闻诸侯，是享誉大江南北的一代名师。澹台灭明之让孔子"以貌取人，失之子羽"①的感悟成为千年美谈。唐开元二十七年追封"江伯"，北宋大中祥符二年加封"金乡侯"，明嘉靖九年改称"先贤澹台子"。

先贤原宪，字子思，春秋时期鲁国人，孔子门人，一生清静守节，以安贫乐道著称，为人清正，不贪财，不求仕，不与世俗合污。唐开元二十七年追封"原伯"，北宋大中祥符二年加封"任城侯"，明嘉靖九年改称"先贤原子"。

先贤南宫适，字子容，（《史记》作"南宫括"②，古"括、适"同音），春秋末年鲁国人。南宫适谨慎尚德，世清不废，世浊不污，孔子赞其："君子哉若人，上德哉若人！"③。唐开元二十七年追封"郑伯"，北宋大中祥符二年加封"龚丘侯"，政和六年改称"汝阳侯"，明嘉靖九年改称"先贤南宫子"。

先贤商瞿，孔子门人，字子木，春秋末年鲁国人，孔子以易传之。唐开元二十七年追封"蒙伯"，北宋大中祥符二年加封"须昌侯"，明嘉靖九年改称"先贤商子"。

先贤漆雕开，孔子门人，字子若，春秋时期鲁国人，虚心好学，提出了"天理"和"人欲"的概念，形成了人性论，习《尚书》，不乐仕。唐开元二十七年追封"滕伯"，北宋大中祥符二年加封"平舆侯"，明嘉靖九年改称"先贤漆雕子"。

先贤司马耕，孔子门人，字子牛，春秋时期宋国人，为人性躁，善言谈，笃信儒学，反对犯上作乱。唐开元二十七年追封"向伯"，北宋大中祥符二年加封"楚丘侯"，政和六年改封"绥阳侯"，明嘉靖九年改称"先贤司马子"。

先贤梁鳣，孔子门人，字叔鱼，春秋末年齐国人。梁鳣上

---

① ［汉］司马迁：《史记》，中华书局1982年版，第2205—2206页。

② ［汉］司马迁：《史记》，中华书局1982年版，第2208页。

③ 《论语·公冶长》。

接孔子，下承孟荀，在中国儒学史乃至中国思想上都占有极其重要的地位。史追赠"梁伯""千乘侯"。

先贤冉儒，孔子门人，字子鲁，春秋末年鲁国人，敏于学，勤于问。史追赠"郜伯""临沂侯"。

先贤伯虔，孔子门人，字子析，春秋末年鲁国人，勤奋好学，以儒行著称。史追赠"邹伯""沐阳侯"。

先贤冉季，孔子门人，字子产，春秋末年鲁国人，年少有志，夜以继日，勤于讲道，坐以待旦，后成大儒。史追赠"诸城侯"。

先贤漆雕徒父，孔子门人，字子期，春秋末年鲁国人。史追赠"须句伯""高苑侯"。

先贤漆雕哆，孔子门人，字子敛，春秋末年鲁国人。史追赠"武城伯""濮阳侯"。

先贤公西赤，孔子门人，字子华，春秋末年鲁国人，长于祭祀之礼、宾客之礼，善于外交。唐开元二十七年追封"邵伯"，北宋大中祥符二年加封"巨野侯"，明嘉靖九年改称"先贤公西子"。

先贤任不齐，孔子门人，字子选，春秋战国时期楚国人，身通六艺，精言诗礼，尤邃于乐。史追赠"任城伯""当阳侯"。

先贤公良孺，孔子门人，字子正，春秋末年陈国人，身材高大，贤才勇武。史追赠"东牟伯""牟平侯"。

先贤公肩定，孔子门人，字子中，春秋末年鲁国人。史追赠"新田伯""梁父侯"。

先贤鄡单，孔子门人，字子家，春秋末年鲁国人。史追赠"铜鞮伯""聊城侯"。

先贤罕父黑，孔子门人，字子索，春秋时期鲁国人。史追赠"乘丘伯""祁乡侯"。

先贤荣旂，孔子门人，字子祺，春秋时期鲁国人。史追赠"雩娄伯""厌次侯"。

先贤左人郢，孔子门人，字子行，春秋时期鲁国人。史追赠"临淄伯""南华侯"。

先贤郑国（或郑邦、薛邦），孔子门人，字子徒，春秋时期鲁国人。史追赠"荥阳伯""朐山侯"。

先贤原亢，孔子门人，字子籍，春秋时期鲁国人。史追赠"莱芜伯""乐平侯"。

先贤廉洁，孔子门人，字子庸，春秋末年卫国人。史追赠"莒父伯""胙城侯"。

先贤叔仲会，孔子门人，字子期，春秋末年鲁国人。史追赠"瑕丘伯""博平侯"。

先贤公西舆如，孔子门人，字子之，春秋末年鲁国人。史追赠"重邱伯""临朐侯"。

先贤邦巽（又名邦巽），孔子门人，字子敛，春秋末年鲁国人。史追赠"平陆伯""高堂侯"。

先贤陈亢，孔子门人，字子禽，春秋末年陈国人。史追赠"颍伯""南顿侯"。

琴张（又名琴牢[1]），孔子门人，字子开，春秋末年卫国人。史追赠"南陵侯""顿丘侯""阳平侯"。

先贤步叔乘，孔子门人，字子车，春秋末年齐国人。史追赠"淳于伯""博昌侯"。

先贤秦非，孔子门人，字子之，春秋末年鲁国人。史追赠"汧阳伯""华亭侯"。

先贤颜哙，孔子门人，字子声，春秋时期鲁国人。史追赠"朱虚伯""济阴侯"。

① 陈士珂：《孔子家语疏证》，上海书店1987年版，第227页。

先贤颜何，孔子门人，字子冉，春秋末年鲁国人。史追赠"平阳伯""堂邑侯"。

先贤县亶，孔子门人，字子象，鲁国人。

先贤乐正克，孟子地位最高弟子，战国时期邹人，在鲁为政。乐正克著作《学记》对后世有深远影响。史追赠"利国侯"。

先贤万章，孟子门人，邹人，佐孟子著作七篇。史追赠"博兴伯"。

先贤周敦颐，字茂叔，宋代儒家理学思想之开山鼻祖，号"濂溪先生"。"人品甚高，胸怀洒落，如光风霁月。"史追赠"宣奉大夫""汝南伯""道国公"。

先贤程颢，字伯淳，宋代人，述明"五经"，号"明道先生"，教育家、哲学家。史追赠"河南伯""豫国公"。

先贤邵雍，字尧夫，宋人，号"安乐先生"。史追赠"新安伯"。

先儒韩愈，字退之，唐代古文运动的倡导者，唐宋八大家之首，有"文起八代之衰"之美誉。史追赠"昌黎伯"。

先儒范仲淹，字希文，北宋杰出的思想家、政治家、文学家。范仲淹的"先天下之忧而忧，后天下之乐而乐"思想对后世影响深远。在"致治天下，必先崇学校"[1]的认识下，范仲淹大力兴办学校，普及基础教育，移风易俗，培养人才，北宋兴学之风达到高潮。世称"范文正公"。

先儒胡瑗，字翼之，北宋理学先驱、思想家和教育家。胡瑗的个人道德修养达到了"进退周旋，皆合古礼"[2]，其独特的教育思想、教育理论和教学方法，为后世所钦佩，被王安石誉为"天下豪杰魁"。

先儒韩琦，字稚圭，北宋政治家、词人，相三朝立二

[1] 《范仲淹全集》卷十九《代人奏乞王洙充南京讲书状》，凤凰出版社2004年版，第429页。
[2] 黄宗羲：《宋元学案》卷一《安定学案》，中华书局1986年版，第28页。

帝，修吏事擢贤才，被苏轼称为"忠言嘉谟，效于当世，而文采表于后世；死生穷达，不易其操，而道德高于古人"[1]，人称"宋时程四杰者曰韩、范、富、欧阳，而韩冠其首"[2]。史追赠"魏郡王"。

先儒杨时，字中立，北宋哲学家、文学家、官吏。杨时的"天人之道一于诚"思想主张通过明善、格物致知达到意诚，增加了儒学义理的深度，对儒学的发展有特殊贡献，对后世修身、齐家、治国、平天下的影响深远。

先儒罗从彦，字仲素，南宋经学家、诗人。罗从彦上承程颢、程颐和杨时，下启李侗、朱熹，是理学发展的重要过渡人物，是道学中不可缺少的思想家，是豫章学派的创始人，是道南学派的"杠鼎人物"。谥"文质"。

先儒李纲，字伯纪，是南宋留存辞赋最多的文人。李纲不仅是宋朝的政治家、文学家，而且是北宋末、南宋初的抗金名臣、民族英雄，"生平正直之节终始不挠"。史追赠"少师""陇西郡开国公"，谥"忠定"。

先儒李侗，字愿中，宋代理学大师，朱熹的老师。世称"延平先生"，谥"文清"。

先儒张栻，字敬夫，南宋初期学者、教育家，一生以圣贤自期，奋济时艰，志道依仁。作为"一代学者宗师"，张栻尊程朱理学，重经世务实，容众家之长，对后世湘湖文化的影响深远。谥曰"宣"。

先儒黄干，字直卿，南宋学者，朱熹的首徒。黄干"志坚思苦"，将理学心性论提高到儒家道体的最高范畴，构建了上起尧下至朱熹的道统谱系，论定道统地位，致力传播和推广朱子学，使其成为统治阶级的正统思想。

先儒辅广，南宋学者，以著书为己任，致力教授学生，

[1] ［宋］苏轼：《苏轼文集》卷五十六《韩魏公醉白堂记》。
[2] 李之亮、徐正英笺注：《安阳集编年笺注》附录五《韩魏公遗事》。

学者称"传贻先生"。史追赠"朝奉郎"。

先儒真德秀，字希元，南宋后期著名理学家，是继朱熹后又一理学集大成者，创"西山真氏学派"，学者称"西山先生"。史追赠"银青光禄大夫"，谥"文忠"。

先儒何基，字子恭，南宋"北山四先生"之一，金华北山学派的首庸、开创者。何基隐居故里盘溪，潜心研究，承述道统，传播朱学，一生以读书讲学为志向，治学笃实。谥"文定"。

先儒文天祥，字履善，南宋末期政治家、文学家、爱国诗人、抗元名臣、民族英雄。一生笃信"三纲实系命"，坚守民族气节与民族尊严，展示高尚人格和坚贞节操，是"宋末三杰"之一。

先儒赵复，字仁甫，宋末元初学者，为程朱理学续传，将南方的程朱理学系统地传入北方，促进南北文化交流，改变中原文化结构，有"北方知有程朱之学，自复始"[1]之美誉，学者称"江汉先生"。

先儒吴澄，字幼清，元代杰出的理学家、经学家、教育家，继承"性体情用"思想，同时又对性情作双重解释，主张"性其情"，反对"情其性"，元史记载有"南有吴澄"之说。史追赠"临川郡公"，谥"文正"。

先儒许谦，字益之，元朝时期人。许谦治学刻苦勤奋，志在成就学业，继承和发展道统，不流俗，素志恬淡，以道自乐，为人师表三十多年，"四方之士，以不及门为耻"[2]，桃李满天下，人称"白云先生"。

先儒曹端，字正夫，明初著名的理学家、朱子学学者，以载道为己任，绍述、修正发展朱熹学说，著《〈孝经〉述解》，专心性理，躬行实践，理明心定，有德有言，后世评

① [明] 宋濂：《元史》，中华书局1976年版，第2884页。
② [明] 宋濂：《元史》，中华书局1976年版，第4320页。

价颇高，被推为"明初理学之冠"①。

先儒王守仁，字伯安，别号阳明，明代思想家、文学家、军事家，心学集大成者，一代罕见的全能大儒。嘉靖六年（1527年），作为南京兵部尚书的王守仁兼左都御史总督两广兼巡抚，以武力和招抚相结合，平定广西右江地区的土官土目叛乱，并征讨八寨、大藤峡。以其一生文治武功，创立阳明心学，"勋业气节，卓然见诸施行，而为文博大昌达，诗亦秀逸有致，不独事功可称，其文章自足传世也"②。史追赠"新建伯""新建侯"，谥"文成"。

先儒薛瑄，字德温，明代著名思想家、理学家、文学家。薛瑄"以复性为宗"开河东之学，被四库馆臣誉为明代第一淳儒③。世称薛河东，平生矢志教育，史追赠"资善大夫""礼部尚书"，谥"文清"。

先儒罗钦顺，字允升，明朝著名哲学家。罗钦顺坚持以"有体必有用，而用不可以为体"④的思想理论改造程朱理学，创建气学，对历史产生广泛而深刻的影响，时称江右大儒。史追赠"太子太保"，谥"文庄"。

先儒吕丹，字仲木，号泾野，明朝人。

先儒黄道周，字幼平，明末学者、书画家、文学家、民族英雄、抗清名臣，被明末清初著名诗人吴伟业称赞："惟漳浦吾不能测，殆神人也。"⑤史追赠"文明伯"，谥"忠烈""忠端"。

先儒陆世仪，字道威，号桴亭，明末清初著名理学家、文学家。陆世仪辞官讲学授徒、著书立说，强调实学践履，被誉为江南大儒，明亡隐逸不仕，后人"叹其学之邃也"⑥，是太仓四君子之一，谥"文潜""尊道"。

先儒顾炎武，明末清初杰出思想家、经学家、史地学家和音韵学家，明末清初三大儒之一。顾炎武倡导务实之学，

① ［明］曹端著，王秉伦点校：《曹端集》，中华书局2003年版，第356页。
② ［清］纪昀等：《钦定四库全书总目》，中华书局1997年版，第2311页。
③ ［清］永瑢等：《四库全书总目》，中华书局1965年版，第790页。
④ ［明］罗钦顺著，阎韬点校：《困知记》，中华书局1990年版，第118页。
⑤ ［清］谈迁撰，汪北平点校：《北游录》，中华书局1960年版，第260页。
⑥ 全祖望：《鲒埼亭集》卷二十八，清嘉庆九年刻本。

对儒家文本研究卓有成效，其金石学研究开启清代三百年学术之新局面，是清学之开山始祖。[①]

先儒汤斌，字孔伯，清朝政治家、理学家、书法家，顺治九年（1652年）中进士，"国朝语名臣，必首睢州汤公"[②]，被誉为"清朝第一清官"，是"清朝三大理学名臣"之一。谥"文正"。

先儒谷梁赤，字元始，战国时期著名经学家，著《谷梁传》。该书经长期口耳相授积累而成，全书四万一千五百多字，主要内容为说理议论，内有故事27则，[③]在中国史传文学史上有一定影响，是古代士人必读的基本教材。

先儒伏胜，字子贱，秦汉经学大师，秦朝禁书时冒死藏《尚书》，留下中国最重要的历史典籍之一，后抄录传授，"学者由是颇能言《尚书》，诸山东大师无不涉《尚书》以教矣"，是文学派之开山祖师。

先儒毛亨，战国末年至西汉初年人，以诗学授毛苌，著有《毛诗故训传》，是毛诗之开创者。《毛诗故训传》"文简而义赡，语正而道精，洵乎为小学之津梁，群书之钤键也"[④]，将故、训、传有机地结合起来。

先儒后苍（仓）[⑤]，字近君，西汉经学家，继承高堂生"推士礼以致天子之法"。后苍（仓）著作《后氏曲台记》虽已佚，但开创校书、选记之治学模式先河，传《礼记》于戴德及德从兄子圣，武帝时立为博士，官少府。

先儒刘德，西汉诸侯王、藏书家，汉景帝之子，儒学推崇者，一生补撰《周官》，立《毛氏诗》《左氏春秋》博士，崇尚礼乐之劳"尤不可诬"[⑥]，对儒学的发展、传播做出突出贡献。后世称"河间王"，谥"献"。

先儒许慎，字叔重，东汉重要的古文经学家。许慎著作

南宁文庙之从祭先儒——
王守仁（南宁"六公祠"遗址的石刻遗像）

① 梁启超：《清代学术概论》，上海古籍出版社2005年版，第6-7页。
② 沈云龙：《近代中国史料丛刊》第93辑第921册，台北文海出版社1967年版，第903页。
③ 黄坤尧：《论〈谷梁传〉的文章》，载《孔孟月刊》（台北）1984年23卷4期。
④《续修四库全书》编撰委员会编：《续修四库全书·诗毛氏传疏》，上海古籍出版社2002年版，第3页。
⑤ 王利器：《风俗通义校注》，中华书局2010年版，第1页。
⑥ 李清植：《历代名儒传》，中国书店1991年版，第17页。

《五经异义》乃"忧大业之凌迟，救末世之蹐陋也"①，开启了古、今经学之融合，另一著作《说文解字》则是其一生中最经心的文字学、经学著作。后世称其为"字圣"。

先儒董仲舒，西汉思想家、政治家、教育家，提倡教化，为国家治理找到良策，完善和论证大一统理论，提出用儒学统一天下。

先儒杜子春，东汉著名经学家，撰有《周官注》（久逸），为《周礼》校勘，"能通其读，颇识其说，郑兴、郑众、贾逵，往受业焉"③。杜子春还原《周礼》原貌，推动《周礼》学研究的发展。

先儒范甯，字武子，东晋大儒、政治家、经学家，著作《春秋谷梁传集解》对《春秋》学研究有重要价值，且"犹勤经学，终年不辍"④，"兴学校，养生徒，洁己修礼，志行之士莫不宗之"⑤。封"阳遂乡侯"。

这些先贤先儒姓名，均刻碑镶在南宁文庙东庑墙上。

西庑先贤先儒

南宁文庙西庑先贤先儒七十四位：

先贤公孙侨，字子产，春秋时期郑国著名政治家、思想家，仕郑为大夫，是孔子最尊敬的人之一。公孙侨改革内政，慎修外交，首铸刑书，主张以宽猛相济服民，后世评价甚高，被视为中国历代宰相之典范。

先贤林放，字子邱，春秋末年鲁国著名学者，孔子弟子⑥，以知礼著称，曾问礼于孔子，史称"问礼"之举，对后世影响很大，一生潜心研究礼学，不显于世，终老于曲阜，卒后葬曲阜城南。史追赠"清河伯""长山侯"。

① [清] 陈寿祺：《五经异义疏证·叙》，《续修四库全书》第171册，嘉庆十八年三山陈氏刻版，第2页。

② 王永祥：《董仲舒评传》，南京大学出版社2002年版，第280页。

③ [唐] 贾公彦：《序周礼废兴》，载《十三经注疏》上册，中华书局1980年版，第636页。

④ [唐] 房玄龄等：《晋书》，中华书局1974年版，第1989页。

⑤ 刘家和：《〈春秋〉三传的灭异观》，载《史学史研究》1990年第2期。

⑥ 李启谦：《孔门弟子研究》，齐鲁书社1987年版，第234页。

先贤宓不齐，孔子门人，字子贱，春秋末年鲁国人，有才智，仁爱，为人善良正直，孔子赞其为君子，是以指导教化治理国家的历史名人。唐开元二十七年追封“单伯”，北宋大中祥符二年加封“单父侯”，明嘉靖九年改称“先贤宓子”。

先贤公冶长，孔子门人，字子长，鲁国著名文士，肚量大，博通书礼，德才兼备，终生治学不仕禄，孔子以其女妻之。唐开元二十七年追封“莒伯”，北宋大中祥符二年加封“高密侯”，明嘉靖九年改称“先贤公冶子”。

先贤公皙哀，孔子门人，字季次，春秋末年齐国人，认真读书，践行君子之德，不屈节事贵族，终生不仕，孔子特叹赏之。唐开元二十七年追封“郳伯”，北宋大中祥符二年加封“北海侯”，明嘉靖九年改称“先贤公子”，清又改称“先贤公皙子”。

先贤高柴，字子羔，春秋时期卫国人，孔门从政次数最多、时间最长之弟子。孔子赞高柴明大义，善保身，遵守礼制，孝敬父母，有仁爱之心，为官清廉，执法公平。唐开元二十七年追封“共伯”，北宋大中祥符二年加封“共城侯”，明嘉靖九年改称“先贤高子”。

先贤樊须，孔子门人，字子迟，春秋末年鲁国人，求知心切，上进心强，有谋略，有勇力、勇武精神。唐开元二十七年追封“樊伯”，北宋大中祥符二年加封“益都侯”，明嘉靖九年改称“先贤樊子”。

先贤商泽，孔子门人，字子季，春秋末年齐国人，以涉览“六经”为乐。史追赠“睢阳伯”“邹平侯”。

先贤巫马施，孔子门人，字子期，春秋时期鲁国人，以勤奋著称，戴星治单父。唐开元二十七年追封“鄫伯”，北宋大中祥符二年加封“东阿侯”，明嘉靖九年改称“先贤巫马子”。

先贤颜辛（或颜幸、颜韦、颜柳），孔子门人，字子柳，春秋时期鲁国人，曾为鲁穆公时期（前407—前375）大臣，宋人称其"明德期馨，贤业所就，夙饫格言，克遵善诱"。史追赠"萧伯""阳谷侯"。

先贤曹恤，孔子门人，字子循，春秋时期蔡国人，富贵贤德仁慈行善。史追赠"曹伯""上蔡侯"。

先贤公孙龙，孔子门人，字子石，战国时期楚国人，逻辑学家，能言善辩，著有《公孙龙子》。公孙龙最著名的论述为《白马篇》，提出"白马非马"的观点。

先贤秦商，孔子门人，字子不，春秋时期鲁国人，以勇力闻名。史追赠"上洛伯""冯翊侯"。

先贤颜高，孔子门人，字子骄，西汉鲁国人，谦能养勇，孝以资忠。史追赠"琅琊伯""雷泽侯"。

先贤壤驷赤，孔子门人，字子徒，春秋时期秦国人，勤学礼制，诗文出色。史追赠"北征伯""上邽侯"。

先贤石作蜀，孔子门人，字子明，春秋末年秦国人，淳教化移风俗，以诗书教化"路不拾遗"的民风，以礼仪弘扬"夜不闭户"的道德，大兴三陇文教。史称"石夫子"，史追赠"郈邑伯""成纪侯"。

先贤公夏首，孔子门人，字子乘，春秋时期鲁国人。史追赠"亢父伯""巨平侯"。

先贤后处，孔子门人，字子里，春秋时期齐国人。史追赠"营丘伯""胶东侯"。

先贤奚容蒧，孔子门人，字子哲，春秋末年鲁国人。史追赠"下邳伯""济阳侯"。

先贤颜祖，孔子门人，字子商（襄），春秋末年鲁国人。史追赠"临邑伯""富阳侯"。

先贤句井疆，孔子门人，字子疆，春秋末年卫国人。史追赠"淇阳伯""滏阳侯"。

先贤秦祖，孔子门人，字子南，春秋时期秦国人，身通六艺。史追赠"少梁伯""鄄城侯"。

先贤县成，孔子门人，字子祺，春秋末年鲁国人。史追赠"巨野伯""武成侯"。

先贤公祖句兹，孔子门人，亦称公祖兹，字子之，春秋末年鲁国人。史追赠"期思伯""即墨侯"。

先贤燕伋，孔子门人，字子思，春秋末年鲁国人，筑台望鲁从不停息，秉承师志乐于教育，兴学育人十又八载，史称"尊师重道第一"。史追赠"渔阳伯""千源侯"。

先贤乐欬，孔子门人，字子声，春秋末年鲁国人。史追赠"昌平伯""建成侯"。

先贤狄黑，孔子门人，字子哲，春秋末年卫国人。史追赠"临济伯""林虑侯"。

孔忠，孔子门人，孔子兄伯尼之子，春秋时期鲁国人。史追赠"汶阳伯""郓城侯"。

先贤公西蒇，孔子门人，字子尚，春秋末年鲁国人。史追赠"徐城侯"。

先贤颜之仆，孔子门人，字子叔，春秋末年鲁国人。史追赠"东武伯""宛句侯"。

先贤施之常，孔子门人，字子恒，春秋末年鲁国人，贤德聪颖。史追赠"乘氏伯""临濮侯"。

先贤申枨，孔子门人，字子周，春秋末年鲁国人，率性正直。史追赠"鲁伯""文登侯"。

左丘明，春秋末年鲁国史学家、文学家、思想家、散文家、军事家，作《春秋左氏传》《国语》等。《春秋左氏传》成为"不朽的史学和文学名著"①。史追赠"经师""瑕丘伯""中都伯"。

先贤秦冉，孔子门人，字子开，春秋战国时期蔡国人。史追赠"彭衙伯""新息侯"。

先贤牧皮，孔子门人，春秋时期鲁国人。

先贤公都子，孟子门人，十七弟子之一，战国时期鲁国人，长于思考，学养深厚。史追赠"平阴伯"。

先贤公孙丑，孟子门人，战国时期齐国人，与万章等著《孟子》一书。史追赠"寿光伯"。

先贤张载，字子厚，北宋关学学派创始人、思想家、教育家，理学的奠基者，号"横渠先生"，著有《崇文集》《正蒙》《横渠易说》。张载气本论哲学在中国思想发展史上产生深远影响。谥"明公"，史追赠"郿伯"。

先贤程颐，字正叔，北宋政治家、教育家、思想家、哲学家和文学家，与兄程颢"创造出新儒学即理学"②。程颐著作有《程颐文集》《易传》《经说》。号"伊川先生"，谥"正公"，史追赠"伊川伯"。

先儒公羊高，子夏门人，战国时期齐国人，著有今文经学的重要典籍《春秋公羊传》。该书宣扬儒家思想中拨乱反正、大义灭亲等观念，对乱臣贼子进行无情镇压，为强化中央专制集权和大一统服务，是研究先秦至汉朝时期儒家思想的重要经籍。

先儒孔安国，字子国，孔子十一世孙，汉代孔氏家学和两汉经学史上的重要传承人，武帝时经学博士，一代硕儒，秉先祖遗风，继家学传统，兼通今古文经学，著有《古文尚书》《古文孝经传》《论语训解》等作品。

先儒毛苌，字长生，西汉时期赵国人，著有《诗经诂训

① 沈玉成、刘宁：《春秋左传学史稿》，江苏古籍出版社1992年版，第81页。
② 章启辉：《程颐与周敦颐的佛学思想》，载《求索》2001年第5期。

传》等。

先儒高堂生，字子伯，西汉时期鲁国人，今文礼学最早的传授者，先以《仪礼》十七篇授萧奋，萧奋授孟卿，孟卿授后苍，后苍授戴德、戴圣叔侄；二戴对礼学造诣尤深，所编《大戴礼记》《小戴礼记》影响深远。

先儒郑康成，东汉末年儒学、经学大师（集大成者），整理古籍，博采众长，所注经书代表了汉代学术的最高成就，被称为"郑学"，对后世经学产生了极其深远的影响。史追赠"高密伯"。

先儒诸葛亮，字孔明，三国时期杰出的政治家、军事家、外交家、文学家、书法家、发明家，著有《出师表》《后出师表》《诫子书》等，"三代以下，必义为之，只有一个诸葛孔明"[①]。谥"忠武"，史追赠"武乡侯""武兴王"。

先儒王通，字仲淹，隋朝著名教育家、思想家，一生致力弘扬儒学，"稽仲尼之心，天人之事，帝王之道"[②]，有"王孔子"之称、"河汾道统"之美誉，著有《太平十二策》《续六经》（又名《王氏六经》）、《中说》。谥"文中子"。

先儒陆贽，字敬舆，唐朝著名政治家、文学家、政论家，十八岁中进士，历任监察御史、翰林学士、兵部侍郎和宰相。陆贽在唐宋古文大家心目中"无论是为人，还是为文，都堪称典范"[③]，著有《陆宣公翰苑集》《陆氏集验方》。谥"宣"。

先儒司马光，字君实，北宋政治家、史学家、文学家，一生由谏官逐步升至宰相，"惟知报国，竭尽朴忠"[④]，一生忧国忧民，鞠躬尽瘁，主持编纂《资治通鉴》。谥"文正"，史追赠"太师""温国公"。

先儒谢良佐，字显道，北宋官员、学者，心学的奠基

① 《诸葛孔明全集》卷十七《评论·朱熹》。
② ［隋］王通：《中说·王道篇》。
③ 郑力戎：《陆贽与唐宋古文大家》，载《文史哲》1996年第3期。
④ ［宋］司马光：《司马光集》，四川大学出版社2010年版，第1248页。

人、湖湘学派的鼻祖，创立了上蔡学派，在程朱理学的发展史上起到桥梁作用，著有《论语说》。"上蔡高迈卓绝宏肆，善开发人。"①谥"文肃"。

先儒欧阳修，字永叔，北宋政治家、文学家，文坛领袖，提出"修之于身，施之于施，见之于行"②之"新三不朽"说，著有《欧阳文忠公集》。受封"乐安郡开国公"，谥"文忠"，史追赠"太师""康国公""兖国公""秦国公""楚国公"。

先儒胡安国，字康侯，南宋著名学者、理学家，绍圣四年（1097年）进士及第，官由府学教授至宝文阁直学士，创碧泉书院、文定书堂，开创"湖湘学派"，著作有《春秋传》三十卷、文集十五卷、《资治通鉴举要补遗》一百卷，世称武夷先生"如大冬严寒百草萎死，而松柏挺然独秀者也"③。谥"文定"。

先儒尹焞，字彦明，北宋理学家和教育家程颐"晚得二士"之一，其突出心性之别，肯定"生之谓性"，重视诚、敬功夫，著作有《和靖先生集》《论语解》。史追赠"礼部尚书""太子太傅""文正公"。

先儒吕祖谦，字伯恭，南宋著名思想家、理学家、史学家和教育家，"是南宋乾淳间当之无愧的学术领袖……影响了南宋及元明清几百年的学术发展方向"④，创立"婺学"。谥"成""忠亮"，史追赠"开封伯"。

先儒袁焱，明朝人。

先儒蔡沈，字仲默，宋朝人，一心以圣贤为师，闭户读书，授徒讲学，专意潜心著学，开创九峰学派，世称九峰先生。著有《书集传》等，《书集传》为元明清三朝六百年间科举考试范本。谥"文正"。

① [宋] 黎靖德辑：《朱子语类》卷101《程子门人·侯希圣》。
② [宋] 欧阳修著，李逸安校点：《欧阳修全集》，中华书局2001年版，第631页。
③ [元] 脱脱等：《宋史》，中华书局1999年版，第1076页。
④ 浙江师范大学江南文化研究中心：《江南文化研究》，学苑出版社2006年版，第59页。

先儒陆九渊，字子静，南宋哲学家，是自孔子以来伟大的教育思想家之一，他的"顿悟"教育理论体系是对中国古代教育艺术思想、教学实践经验集大成的总结和继承。陆九渊开创心学，其心学核心为"心"，起运起点为"人"，认为人"灵于万物，贵于万物"[1]。热心于讲学授徒，著有《陆九渊全集》。谥"文安"。

先儒陈淳，字安卿，号北溪，南宋理学家，朱子门人，学者称"卫师门甚力，多所发明"[2]。陈淳著作著录于《宋史》中，如《语孟大学中庸口义》《字义详讲》《礼诗女学》。其思想影响宋元明清各朝及韩国、日本与欧美各国。

先儒魏了翁，字华父，号鹤山，南宋著名理学家，庆元五年（1199年）进士，官任知州至礼部尚书，创建浦江鹤山书院、靖州鹤山书院，主张"心即太极"，是蜀学集大成者，尤以寿词著名，著有《鹤山全集》《九经要义》等。谥号"文靖"，追赠"太师""秦国公"。

先儒王柏，字会元，初号长啸，后更号为鲁斋，宋朝人，一生未应举做官，以讲学论道著述为业，后世称"金华四先生""金华四贤"，著有《诗疑》《书疑》等，其疑经思想在中国古代学术史上有重要意义。谥"文宪"。

先儒陆秀夫，字君实，南宋左丞相，抗元名臣，崖山兵败，其"负帝投海""与国共存亡"之壮举名垂千古。万历四十七年（1619年）赠谥"忠烈"。有"骂名留得张弘范，义士争传陆秀夫"[3]之美誉。主要作品为《陆忠烈集》。

先儒许衡，字仲平，学者称为鲁斋先生，元初著名思想家、政治家、教育家、天文学家和理学家，后世学者赞其"不有先生挑担子，中原文化竟沉淹"[4]。著有《鲁斋集》《读易私言》等，主持研订《授时历》。谥"文正"，史追赠

①《与王顺伯》，《陆九渊集》卷二，第17页。

②［清］黄宗羲：《宋元学案》，中华书局1956年版，第1065页。

③ 董必武：《游崖山》诗，1958年。

④［元］许衡：《许衡集》，东方出版社2007年版，第334页。

"魏国公"。

先儒金履祥，字吉父，号次农，学者称仁山先生，元朝人，"凡天文、地形、礼乐、田乘、兵谋、阴阳、律历之书，靡不毕究"[①]。潜心讲学著书，主要作品为《大学疏义》《书经注》《论孟集注考证》《尚书表注》《金仁山文集》《通鉴前编》等。谥"文安"。

先儒王夫之，字而农，号姜斋，世称"船山先生"，明末清初思想家、教育家，朴素唯物主义思想者，中国哲学史上首位系统理论的历史进化论者，"一生严于律己，授徒为生"[②]。著有《周易内传》等大量著作。

先儒陈澔，字可大，号云住，人称经归先生，宋末元初著名理学家、教育家，博学好古，潜心经术，"尤精易、书、礼"[③]，建云住书院。陈澔有著作《礼记集说》传世，被明代定为科举考试官方指定课本长达二百余年。

先儒陈献章，字公甫，号石斋，明朝思想家、教育家、书法家、诗人，在宋明理学史上是一位承前启后，转变风气的重要人物，有"活孟子"之称，开明儒心学先河，创中国草笔、茅龙笔和茅龙书法。

先儒胡居仁，字叔心，号敬斋，明朝理学家、书院教育家，主张以主忠信为先，以求于心为要，行为上持"敬"，认为"操守勿失，莫大乎敬"[④]，淡泊自处，自甘寂寞，远离官场，布衣终身，著有《居业录》《胡文敬集》。谥"文敬"。

先儒蔡清，字介夫，号虚斋，明朝理学家、易学家，举成化十三年（1477年）福建乡试第一，成化二十年（1484年）成进士，力学六经、诸子及史集等书，以善易而闻名，其"人品端粹，学术亦醇"[⑤]，著有《易经蒙引》《太极图说》《河洛私见》等。谥"文庄"。

① ［清］黄宗羲、全祖望：《宋元学案》，中华书局1996年版，第2935页。

② 萧萐父、许苏民：《王夫之评传》，南京大学出版社2002年版，第46页。

③ 李材栋：《对〈宋元学案〉中陈澔传略的一些订正》，载《江西大学学报》1982年第3期。

④ ［清］张廷玉等：《明史》，中华书局1973年版，第7232页。

⑤ ［清］永瑢、纪昀等：《四库全书总目提要》，中华书局1965年版，第302页。

先儒刘宗周，字起东，别号念台，明朝理学家，明万历二十九年（1601年）进士，为官清廉正直，操守甚严，敢于抗疏直言，屡遭贬谪，不改其志，开创蕺山学派，创"慎独"之说，绝食殉国，被誉为"宋明儒学最后的大师"①，代表作品为《刘蕺山集》等。

先儒吕坤，字叔简，明朝政治家、哲学家、文学家、思想家，为学主张经世致用，力倡复兴学社，振举学风，认为"天下之治乱系于人才，人才之正邪正关学校"②，主要作品有《呻吟语》《实政录》等。史追赠"刑部尚书"。

先儒孙奇逢，字启泰，号钟元，世称"夏峰先生"，明末清初著名学者、思想家、教育家和理学大家，其理学影响可谓"有北方之学者，大概出于其门"③，纯孝笃学博通经书，主要著作有《理学宗传》等。

先儒黄宗羲，字太冲，明末清初著名思想家、史学家、藏书家，学识渊博，创立浙江学派，著有《宋元学案》等。明亡归隐于乡，是"中国古代伟大的政治启蒙家、中国近代民权、民生思想的先驱"④。

先儒张履祥，字考夫，明朝人。

先儒陆陇其，字稼书，清代理学家，恪守民本精神，坚行以民为贵，十年为官，三十年从教，清廉爱民，以德化民，勤奋施治，屡受辱挫，矢志不移，"充养完粹，践履笃实"⑤，主要作品有《古文尚书考》《四书讲义困勉录》等，谥"清献"。

先儒张伯行，字孝先，清朝大臣、理学家，学行互证，醇儒明臣清官，"真能以百姓为心者也"⑥，践行笃实，言行相顾、重视文教、兴建书院，著有《道统录》《困学录集粹》《正谊堂全集》等。谥"清恪"，史追赠"太子太保"。

① 唐君毅：《中国哲学原论·原教篇》，中国社会科学出版社2006年版，第320页。

② ［明］吕坤：《吕坤全集》中册，中华书局2008年版，第933页。

③ ［清］黄宗羲：《明儒学案》，中华书局1985年版，第1371页。

④ 曹德本：《中国政治思想史》，高等教育出版社1999年版，第233页。

⑤ 徐世昌：《清儒学案》，中华书局2008年版，第466页。

⑥ 费元衡：《张伯行·行状》，载《碑传集》卷17。

这些先贤先儒姓名，均刻碑镶在南宁文庙西庑墙上。

文庙从祀制度始于东汉，《后汉书》记载，汉明帝永平十五年（72年），"三月……幸孔子宅，祠仲尼及七十二弟子"[①]。至唐代，孔门弟子和儒家圣贤从祀文庙成为定制。唐开元二十七年（739年），孔子被尊称为文宣王，为了与孔子爵位相称，颜回被赠为兖公，四科其他九人闵损、冉耕、冉雍、冉求、仲由、宰予、端木赐、言偃、卜商等被赠为侯，孔门其余弟子被赠为伯。明嘉靖九年改制后，孔庙中圣、贤、儒取代王、公、侯、伯。"太庙之有从祀者，谓能佐其主，衍斯世之治统也，以报功也。文庙之有从祀者，谓能佐其师，衍斯世之道统也。"[②]

① ［南朝宋］范晔：《后汉书》，中华书局1965年版，第143页。
② ［明］王世贞：《弇州山人四部稿》，上海古籍出版社1987年版，第899页。

　　宋元之后，各地文庙开始出现乡贤祠、名宦祠，用于附祀乡贤、名宦。到明朝中期，这种祭祀形成制度化、普遍化。附祀的乡贤、名宦都是经过朝廷同意，有品学的本土地方贤达入乡贤祠，有业绩的本地任职官员入名宦祠，实现崇德报功、教化民众之功能。南宁文庙乡贤祠和名宦祠按照规制，供奉有《南宁府志》所记载的乡贤、名宦牌位。[①]

乡贤

　　南宁文庙乡贤祠附祀的乡贤有五十一位：

　　乡贤养奋，字叔高，东汉时期郁林（今玉林）人，以布衣举贤良方正。

　　乡贤石鉴，字大观，号少卿，北宋时期邕州人，宋皇祐元年（1049年）进士（邕州历史上首位进士），平定侬智高叛乱，以功授大理丞，累迁湖北钤辖、皇城使、忠州刺史、广南东西路钤辖，值昭文馆，知宣州、桂州、邕州，官至广南

南宁文庙之附祀乡贤——
石鉴

西路经略安抚使、工部尚书。

乡贤梁世基，北宋时期横州人，举人，出仕任浔州府（今广西桂平市）司户参军，摄官补登伺郎，因政绩卓著调京师任大理寺丞正卿，法平内阁中书，用法平允。

乡贤甘天付，元朝时期横州人，作为横州儒学，因其教化有方促使当地社会风气大有改善。

乡贤颜以达，元朝时期永淳人，率领邕州民众归顺朝廷，使得当地免于战乱。

乡贤黄景信，明朝时期宣化人，洪武中期朝廷不拘资格将其从监生提拔任官，其事必躬亲从不懈怠，凡吏治民情裁处允当，洪武时官至山西右布政。

乡贤颜仲和，明朝时期宣化人，才华高超卓越。

乡贤黎天禄，明朝时期横州人，从两淮盐运使任上卸任后返乡居住，致力于劝人为善，优化风俗，以耕读为业。

乡贤王敏，明朝宣化人，洪武中期由监生提拔为御史，致力于振作风教纲纪，进交趾左参议。

乡贤陈莘，明朝时期横州人，洪武时期任湖广随州知州，严谨治学，劝导士子潜心学习、安分守己，开辟良田四百多顷（约四万亩），惠及百姓，后升交趾三江府同知。

乡贤黄安，明朝时期宣化人，建文年间举人，奉使交趾有功，升交趾宣化府知府。

乡贤闭贞，明朝时期横州人，福建惠安县主簿，廉政贤能，安民革弊。

乡贤杨清，明朝时期永淳人，永乐癸卯乡荐任四川布政司理问，升雅州知州，俱有政绩，退位后专门致力于教导子弟后生，硕果累累。

乡贤陆忠，明朝时期永淳人，永乐癸卯乡荐任福清县丞，教民开渠灌溉，得以力田。

乡贤闭悌，明朝时期横州人，正统中期进士，出仕调任桂阳州知州，专意抚循，民怀其德，被贬为县丞，依然律己厚下，后晋升为潮州府同知。

乡贤邓洪，字光大，明朝时期宣化人，南京山西道御史，廉谨自持，举劾务存大体，尝奉命赉军，内阁彭时铭其墓。

乡贤李恒，清朝时期横州人，江西安仁县令，为政有体，赏善罚恶。

乡贤李简，明朝时期宣化人，景泰年间举人，任高明县令，化解宗族纷争，在任六年民怀吏畏。

乡贤闭鲁，明朝时期横州人，景泰四年举人，任永安知州，民众拥戴。

乡贤费广，字隐之，明朝时期横州人，景泰年间举人，宾、连二州学正，诸士服其讲解，称楷模。

乡贤邓璩，明朝时期宣化人，任浙江衢州同知九载，吏畏民怀，声播远近，后升任雷州知府。

乡贤陈瓒，清朝时期永淳人，招抚逃民复业，修复城垣。

乡贤李冠，清朝时期横州人，四川铜梁县令，政绩卓著。

乡贤王让，清朝时期宣化人，辨清历年尚未判决的官司、罪案。

乡贤熊銮，字器之，明朝时期宣化人，宁波府同知，持身端谨，恪守官箴，不激不随，奸慝尽戢，归里后乡族奉为仪型。

乡贤陆森，清朝时期永淳人，广东盐科司提举，有政绩。

乡贤张显，清朝时期永淳人，江南巢县县令，声誉斐然。

乡贤仜毅，清朝时期横州人，进士，任户部主事、福建参议，能诗，多题咏。

乡贤黄济，明朝时期横州人，廉州府教授，能端师范，退位后创修州志。

乡贤蔡葵，清朝时期宣化人，宁都县令，决断各种繁杂官司、罪案，释放冤民，谢绝私自拜谒，清廉之名斐然。

乡贤张翱，明朝时期宣化人，龙门县令，重视学校办学，开辟田地，官民融洽。

乡贤李藩，字建爵，明朝时期宣化人，广东布政司历改四川，纯厚谨洁，在所历任的官职上皆有善绩。

乡贤陆嘉鲤，明朝时期横州人，广州教授，循循有规矩。

乡贤英惧，明朝时期横州人，万年县摄篆，综理周密，恩威并用，吏民畏服。

乡贤韦銮，明朝时期横州人，宁乡县令，爱民育士，恤狱缓刑，民间颂扬。

乡贤陈瑀，字伯玉，明朝时期宣化人，任兴国教谕时，俭行慈惠士，捍御寇盗有方，疆圉宁谧，赈济灾民，后升云南五司提举，及归送者无不垂涕。

乡贤侯嘉详，字致齐，明朝时期横州人，正德年间举人，任湖广当阳县知县，断案神明，后升四川成都府绵州知州。

乡贤林景华，明朝时期上思人，任四川马湖府照磨，谨慎小心严以律己，用做人之正确道理教育子女。

乡贤田铸，明朝时期永淳人，率领众人平定寇贼。

乡贤邓继科，明朝时期宣化人，平定海贼，平素之品行端庄方正。

乡贤周希正，明朝时期宣化人，嘉靖年间举人，任知县，存心爱民，事上以直，事多掣肘遂拂袖而归。

乡贤萧栋，明朝时期宣化人，高要县令，廉明刑清政理。

乡贤侯嘉祐，明朝时期横州人，嘉靖年间举人，福建长泰知县，廉惠公敏，特别擅长判决诉讼案件。

乡贤施懋，字克昭，明朝时期横州人，嘉靖辛酉举人，出仕长寿教谕，后升任吴川县令、云南佥事，政绩显著，清廉仁爱，平定白盗。

乡贤杭廷，明朝时期宣化人，累次担任提举，所历任的官职皆有政治声誉。

乡贤王庆，明朝时期新宁人，以明经授荆州府，事父母孝顺，对兄弟友爱，当官廉明廉仁惠。

乡贤杨汝明，明朝时期永淳人，历任训导、教谕、学正、教授，以廉吏称颂。

乡贤李希说，字则省，明朝时期横州人，兴宁知县，万历十八年（1590年）饥荒，为孝廉州人请借预备仓谷二千石赈济到冬季，然后自捐补还，乡民感激。

乡贤林致礼，明朝时期上思人，广东西宁县令，筑城修路，凿山引水，灌田数百顷，政绩皆堪不朽。

乡贤徐可行，字心如，明朝时期宣化人，万历年间进士，任户部郎中时，奏请免征邕崩田，万历四十年（1612年）主试河南，所提拔者多为名流。

乡贤许必可，明朝时期宣化人，浙江寿昌县令，政治声誉卓著。

这些乡贤姓名，均刻碑镶在南宁文庙乡贤祠墙上。

名宦

南宁文庙名宦祠附祀的名宦有一百五十六位：

名宦刘外，南阳人，汉朝宗室，汉元帝时任郁林太守，对民众施行仁政、德政。

名宦马援，字文渊，扶风茂陵人，西汉末至东汉初年著名军事家，官至伏波将军，东汉开国功臣之一，曾二次南征，平交趾，立铜柱，"追谥忠成侯"①。千百年来，马援带给邕地以立功边疆的豪情壮志、慷慨矍铄的刚强精神。

名宦费贻，东汉犍为（今四川南安）人，合浦太守，推行、奖励农耕，改造水田为两造，惠德爱民，清廉有气节。史料载："仕合浦太守为政清简，民怀其德，或合浦江山皆名廉者，以费贻故也。"②

名宦孟尝，字伯周，会稽上虞人，东汉顺帝（126—144）时任合浦太守，厉行清廉勤政，留下了"珠还合浦"的美谈。史料载："郡不产谷实，而海出珠宝，与交趾比镜……尝到官，革易前弊，求民病利。曾未逾岁，去珠复还，百姓皆反其业，商货流通，称为神明。"③

名宦谷永，字子云，汉朝时期长安人，"建宁中为郁林太守，以恩信招降乌浒人十余万，内属开置七县，郡人立祠祀之"④。为人清正，严约僚属，体恤民艰，深得百姓好评。

名宦陆绩，字公纪，三国时期吴国吴郡吴县人，幼时因怀橘孝母，事迹被编入《二十四孝》，后任郁林太守，为政清廉，其"廉石"故事扬名千古，"虽有军事，著述不废，作《浑天图》"⑤。

名宦薛综，字敬文，沛郡竹邑人，三国时期吴国名臣、名儒，五官中郎将。少时避乱至交州，后出任合浦、交趾太守，著有诗赋难论数万言，集为《私载》，并著有《五宗图述》《二京解》。

名宦陶侃，字士行，东晋时期庐江郡寻阳人，交州刺史，运筹帷幄、机敏过人、珍惜光阴、勤奋好学、勤俭节

① 《广西通志》卷六十三《名宦》，钦定四库全书本。
② 《廉州府志》。
③ 《后汉书·孟尝传》。
④ 《广西通志》卷六十三《名宦》，钦定四库全书本。
⑤ 《广西通志》卷六十三《名宦》，钦定四库全书本。

约、为官廉洁，"专征南国"①，平定陈敏、杜弢、张昌起义，又作为联军主帅平定了苏峻之乱。

名宦杜正伦，唐朝时期相州洹水人，隋世重举秀才，贞观元年，以魏征荐，擢兵部员外郎，累迁中书侍郎，兼太子左庶子，参典机密，拜中书令，显庆三年（658年），贬为横州刺史，不久病逝。善属文，著有文集十卷，今存诗二首。

名宦李峤，字巨山，赵州赞皇人，唐朝时期宰相、著名诗人。早孤事母以孝闻，二十岁擢进士第，始调安定尉，调露元年（679年），任监察御史，奉命充任监军，征讨岭南邕州、岩州一带叛乱，"亲入獠洞以招谕之，叛者尽降"，"高宗甚嘉之"②。

名宦张大安，唐朝时期魏州繁水人，横州刺史，仪凤二年（677年）拜相，同中书门下三品（宰相），永隆元年（680年）罢相贬为普州刺史，永淳二年（683年）再贬为横州司马，光宅元年（684年）卒于横州任上。

名宦吕仁，第一位名载国史（《新唐书》）的邕州长驻官员，唐朝时期的邕州司马（从五品）。景云年间（710—711）"引渠分流以杀水势，自是无没溺之害，民乃夹水而居"③，建成珠江流域最早的分水工程。

名宦张九龄，唐开元年间著名的政治家、思想家、文学家、诗人，学识渊博，长安年间进士，开元年间尚书丞相，开元十八年（730年）兼任岭南按察选补使，著有《曲江集》，后世评"曲江公委婉深秀，远出燕、许诸公之上，阮、陈而后，实推一人，不得以初唐论"④。为开元年间政坛、文坛双重领袖。

名宦林著，唐朝时期莆田人，横州刺史，·心为民，病死任上，振兴文教惠及百姓。

① ［晋］陶渊明：《陶渊明全集》，上海古籍出版社1998年版，第4页。

② ［后晋］刘昫等撰：《旧唐书》，中华书局1975年版，第2992页。

③ 《新唐书》卷四十三《地理七上》。

④ 翁方纲．《石州诗话》，载《清诗话续篇》，上海古籍出版社1983年版，第1366页。

名宦李翱，字习之，唐朝时期陇西人，二十四岁中进士，官至礼部郎中，一生针砭时弊，力主排佛，体察民生，推行古文运动，曾任邕州刺史，著有《复性书》《李文公集》等。谥曰"文"，史称"李文公"。[1]

名宦柳宗元，字子厚，唐朝文学家、哲学家、散文家和思想家，河东人，一生以"兴尧、舜、孔子之道，利安元元"[2]为奋斗目标，元和十年（815年）任柳州刺史，政绩卓著，倡导古文运动，一生留诗文作品达600余篇。

名宦徐申，字维降，唐朝时期京兆人，擢进士第，任邕管经略使时平定叛乱，任岭南节度使时亦有治绩，加检校礼部尚书，封东海郡公。谥曰"平"。

名宦郑愚，番禺人，唐开成二年（837年）进士，咸通初为桂管观察使廉察吏，咸通三年（862年）任邕州刺史兼御史大夫，因镇守有方使"邕州得保无虞"而"召为礼部侍郎"。[3]

名宦辛谠，唐朝时期兰州金城人，岭南西道节度使，驻邕州，辖邕、桂、容三管，慷慨然诺，不求苟进，济时匡难，和南诏、侬峒、黄峒，使"邕遂成乐土"[4]。

名宦范旻，字贵参，宋朝大名府宗城人，任邕州兼水陆转运使时，用俸禄买药治愈数以千计之病者，并将医书刻于石龛，用以感化民众摒弃"好淫祀，轻医药，重鬼神"[5]之陋习，在邓存忠作乱时亲自应战，坚守邕州城七十余日，直至援兵赶至围解，著有《邕管记》三卷。[6]

名宦侯仁宝，宋朝时期汾州平遥人，开宝六年（973年）开始任邕州知州，在任九年，太平兴国五年（980年）任交州路水陆转运使，上书《取交州策》，出兵讨伐交州，战死在白藤江中，特追赠为工部侍郎。[7]

① [后晋] 刘昫等撰：《旧唐书》，中华书局1975年版，第4209页。
② [唐] 柳宗元：《柳宗元集》，中华书局1979年版，第780页。
③《广西通志》卷六十四《名宦》，钦定四库全书本。
④《广西通志》卷六十四《名宦》，钦定四库全书本。
⑤ [元] 脱脱等：《宋史》，中华书局2004年版，第8796页。
⑥《广西通志》卷六十四《名宦》，钦定四库全书本。
⑦《广西通志》卷六十四《名宦》，钦定四库全书本。

名宦王嗣宗，字希阮，宋朝时期汾州人，开宝八年（975）状元，枢密副使，历事三朝，为政严明，政绩卓著。谥"景庄"。

名宦曹克明，字尧卿，宋朝时期雅州百丈人，"景德中，蛮寇邕州，改供备库副使，知邕州。左右江蛮洞三十六，克明召其酋长，谕以恩信，是岁承天节，相率来集。克明慰抚，出衣服遗之，感泣而去。独如洪峒恃险不至，克明谕两江防遏使黄众盈引兵攻之，斩其首领陆木前，枭于市"①，平定贼寇。

名宦魏瓘，字用之，宋朝时期歙州婺源人，在任广南西路提点刑狱司时，禀奏朝廷释放因拖欠税务而沦为奴隶的上千名妇女，后升任转运使，持法精审，明史事。

名宦冯伸己，字齐贤，宋朝时期孟州河阳人，宜州、邕州、桂州知州兼广西钤辖，"单骑出阵"②谕降安化土著，其饮用"饮辄死"的邕州治舍之井水，改易邕州民风，为历史佳话。

名宦杜杞，字伟长，宋朝时期无锡人，尚书虞部员外郎、横州知州，后提拔为刑部员外郎、直集贤、院、广南西路，转运按察安抚使，"岭南诸郡无城郭甲兵之备，牧守非才横，为邕、钦、廉三郡咽喉，地势险阻，可屯兵为援邕管，内制广源外控交趾，愿择文臣识权变练达岭外事者，以为牧守，使经制边事。"③平定贼寇，通阴阳术数之学，博览书传，有文集十卷。

名宦孔宗旦，宋朝时期曲阜人，孔子四十六代孙，皇祐元年（1049年）任邕州司户参军，花四年时间修建了铜鼓陂水利工程，可灌溉4000亩农田，恩泽后世。皇祐四年（1052年）侬智高破邕州，"宗旦被杀"，追赠"太子中允"④，当地建有"太子庙"及"太子诞"（每年农历四月十九日纪念孔宗旦

① [元] 脱脱等：《宋史》，中华书局1977年版，第9317页。
② 《广西通志》卷六十五《名宦》，钦定四库全书本。
③ [宋] 李焘：《续资治通鉴长编》，商务印书馆1986年版，第417-418页。
④ 《广西通志》卷六十五《名宦》，钦定四库全书本。

诞辰活动），以示纪念。

名宦余靖，字安道，宋朝时期韶州曲江人，仁宗天圣二年（1024年）进士，皇祐四年六月任广南西路安抚使、知桂州[1]，与狄青、孙沔等共破侬智高后，安抚邕州流民，整肃邕州吏治。皇祐五年（1053年）任广西体量安抚使，智慧平息交趾人申绍泰率族人入侵邕州。

名宦孙沔，字元规，宋朝时期越州会稽人，天禧三年（1019年）进士及第，皇祐四年任湖南、江西路安抚使，兼广南东、西路安抚使，干练、辅佐能力强，助平侬智高之乱有功，平侬之后留治邕州政绩出色，皇帝"解玉带赐之"[2]，授枢密副使。后追赠兵部尚书，谥"威敏"。

名宦狄青，字汉臣，宋朝时期汾州西河人，皇祐年间，为宣徽南院使、宣抚荆湖南北路，负责处理广南叛乱之事。其立斩昆仑关战役临阵脱逃者袁用等人以严肃军纪，令部下"相顾愕眙"，皇祐五年正月十五日夜袭昆仑关平侬智高之乱，班师回朝后狄青被任命为枢密使（最高军事长）。后追赠中书令，谥"武襄"[3]。

名宦杨文广，字仲容，宋朝时期并州太原人，皇祐四年，"狄青南征时，为广西钤辖、知邕州。抚驭有方，士卒乐为效死，时以名将称"[4]，至和元年（1054年）六月知宜、邕二州，后升迁左藏库使、带御器械。

名宦刘几，字伯寿，宋朝时期洛阳人，北宋名臣、水利专家、音乐家，仁宗朝进士，侬智高侵犯岭南，被委以都大管勾军之职，出谋划策，英勇奋战，在归仁铺激战时其向狄青建议，派出五千精锐骑兵，分左右两翼攻击敌军的主力，贼军惊骇溃退，攻克邕州。"哲宗即位，加通议大夫，累勋上柱国爵、彭城郡公。"[5]

南宁文庙之附祀名宦——狄青

①［宋］李焘：《续资治通鉴长编》，商务印书馆1986年版，第4147页。
②《广西通志》卷六十五《名宦》，钦定四库全书本。
③《广西通志》卷六十五《名宦》，钦定四库全书本。
④《广西通志》卷六十五《名宦》，钦定四库全书本。
⑤ 张应桥：《北宋刘几墓志考释》，载《四川文物》2011年第3期。

名宦张玉，字宝臣，宋朝时期保定人，决战归仁铺时"率右突骑横贯之贼大溃"①，平定侬智高叛乱功臣，后升昭州防御使。

名宦贾达，宋朝时期登州荣成人，殿前都指挥使，平定侬智高功臣。

名宦和斌，字胜之，宋朝时期濮州鄄城人。狄青南征侬智高时，和斌带领骑兵为前锋，决战归仁铺时，"引骑血战绕出贼后遂败之"②。后提拔为文思副使、权广西钤辖，以恩信得边民民心。

名宦萧注，字岩夫，宋朝时期临江新喻（今江西新余）人，"磊落有大志，喜言兵"③。仁宗庆历六年（1046年）进士，摄广州番禺令。皇祐四年破侬智高广州之围，擢礼宾副使、广南驻泊都监、邕州知州。

名宦孙节，宋朝时期开封人，狄青讨伐侬智高叛乱时的下属，作为前锋在归仁铺之鏖战时中暗枪而亡，特追封为"忠武军节度使"④。

名宦张立，宋朝时期，广西都监，正直廉洁深受爱戴，皇祐四年侬智高攻破邕州，与知州陈珙、通判王乾祐等一起被俘，"临刑大骂不为屈"⑤被杀。

名宦张拱，北宋开宝三年（970年）状元，广西都监，"侬贼围邕州，拱自宾州引兵来援，既入而城陷。拱骂不屈，死逾月得其尸如生"⑥。

名宦张日新，字文曜，宋朝时期江西安仁人，皇祐间任广西邕州都监，"侬智高陷邕，日新力战不支，被执不屈死之"⑦。追封"武烈候"。

名宦宋士尧，宋朝时期都巡检使，嘉祐五年（1060年）发兵抵御交趾和甲峒蛮联合出兵入侵宋朝边境而战死。

① 《广西通志》卷六十五《名宦》，钦定四库全书本。
② 《广西通志》卷六十五《名宦》，钦定四库全书本。
③ 《广西通志》卷六十五《名宦》，钦定四库全书本。
④ 《广西通志》卷六十五《名宦》，钦定四库全书本。
⑤ 《广西通志》卷六十五《名宦》，钦定四库全书本。
⑥ 《广西通志》卷六十五《名宦》，钦定四库全书本。
⑦ 《广西通志》卷六十五《名宦》，钦定四库全书本。

名宦刘初，宋朝时期邕州知州，在与敌寇交战之后修筑郡城，百姓安居乐业，流寇也不敢再来侵犯。

名宦周沆，字子贞，益都人，进士。皇祐五年平定侬智高之乱后，在"邕民避寇弃业"①时受命安抚广西，上任后遍行广西各州郡，制定政策，发展生产，恢复经济，政绩卓著。

名宦陶弼，字商翁，宋朝时期湖南永州人，分别于治平二年（1065年）、熙宁元年（1068年）和熙宁九年（1076年）三知邕州。首知邕州，绥辑惠养，至忘其勤，抗洪救灾，善政甚多，致使其第二次知邕州时，因战乱逃离的民众都"扶老携幼以归"②，深得邕州人民之拥戴。

名宦陆诜，字介夫，宋朝时期余杭人，景祐元年（1034年）进士，知桂州，后派遣邕州，"集左、右江四十五峒首诣麾下，阅简工丁五万。补置将吏，更铸印给之，军声益张。交人滋益恭，遣使入贡"③。

名宦苏缄，字宣甫，宋朝时期泉州晋江人，熙宁四年（1071年）任皇城使邕州知州。熙宁八年（1075年）在交趾郡主李乾德进攻邕州的战役中，邕州城被攻破，其全家三十六人壮烈殉国，"邕人为缄立祠元祐中赐额怀忠"④。

名宦唐子正，字儿卿，宋朝时期广西兴安人，通判邕州。熙宁八年交趾兵陷邕州，唐子正战死。

名宦苏元，宋朝时期泉州晋江人，邕州知州苏缄之子。神宗时任合门邸侯，知横州，为官清廉，恩信及民，百姓爱戴。

名宦谭必，字子思，江西人，宋庆历六年（1046年）进士，授邕州推官，"摄郡事，防交人复寇邕，必辑兵抗御。力战不克，交人执之，欲诱以利。必坚不可夺，自缢而死"⑤。谥"金紫光禄大夫""太子太傅"，明谥"忠愍"。

南宁文庙之附祀名宦——苏缄

① 《广西通志》卷六十五《名宦》，钦定四库全书本。
② ［元］脱脱等：《宋史》，中华书局2004年版，第10736页。
③ 北京师联教育科学研究所编：《宋史》第26部，学苑音像出版社2001年版，第1889-1890页。
④ 《广西通志》卷六十五《名宦》，钦定四库全书本。
⑤ 《广西通志》卷六十五《名宦》，钦定四库全书本。

名宦梁顺孙，字景枢，宋朝时期广东高要人，桂州观察使助理，在横山、田州、谨乃、宁毕等小县当监官，后升任邕州监官，恩信及民，百姓尊称为"梁父母"①。在任职期间去世，发丧之日护灵柩队伍长达数百里。②

名宦邓孝廉，字清臣，宋朝时期广东韶州曲江人，建炎二年（1128年）进士，重义好施，为人耿直，不畏豪强，关心民众，保护嬴弱。在邕州任通判、摄郡事时，"革其岁饥发廪赈之不足，继以俸金全活甚众"③，深得邕州人民的爱戴。

名宦蒋允济，字德施，宋朝时期广西兴安人，绍兴二年（1133年）进士，乾道元年（1165年）为邕管安抚使，乾道三年（1167年）升邕州知州兼邕管安抚使。持身严正，恩信于人，大兴少数民族贸易、经济，使得民族间仇杀减少。后死于任上，民众停止一切活动为其哭吊。

名宦徐安国，字衡仲，宋朝时期江西上饶人，乾道二年（1166年）进士，绍熙中知横州，"政以安民息盗为急人服其知体要"④，民众拥戴。

名宦王佐，宋朝时期广西全州人，邕州户曹，平反冤假错案，婉拒别人谢赠之礼，廉洁奉公正直。

名宦崔与之，字正子，宋朝时期宁都白鹿营人，绍熙四年（1193）进士，抗金功臣，任邕州通判，郡以宁⑤，德威并施，军民悦服，后官至右丞相、观文殿大学士。谥"清献"。

名宦何先觉，字民师，宋朝时期湖南桂阳县人，建炎二年进士，绍兴中累官知横州。弭盗除奸，劝农训士，"撰《耕桑要备》二卷"⑥，立孔子行教石于宁浦县学，治行尤著，为士民所拥戴。

名宦毛炳，字文虎，宋朝时期广西富川人，授横、贵、廉三州都巡检使，后守钦州。交趾犯境，督兵战死，赠"安

① 《广西通志》卷六十五《名宦》，钦定四库全书本。
② 《高明县志》，清康熙二十九年版。
③ 《广西通志》卷六十五《名宦》，钦定四库全书本。
④ 《广西通志》卷六十五《名宦》，钦定四库全书本。
⑤ 《广西通志》卷六十五《名宦》，钦定四库全书本。
⑥ 《广西通志》卷六十五《名宦》，钦定四库全书本。

远军节度使""忠顺侯"。

名宦李浩，字德远，宋朝时期江西临川人，绍兴十二年（1142年）进士，知静江府兼广西安抚使。平生奉养如布衣时，风裁素高，人不敢干以私云。

名宦陈大纪，字正之，宋朝时期永嘉人，横州知州。宁宗年间，"侯广李监六作乱""亲冒矢石，与士卒同甘苦，开诚谕贼，散其党，与擒其渠魁。讫事仅五月，以功转两官"[1]。

名宦林干，宋朝嘉定年间为邕州监官，"清正自持，郡守敛金以媚时宰，干不应，后被诬罢去，人甚惜之"[2]。

名宦张垓，南宋朝绍定年间（1228—1233）中期任横州知州，"横州土瘠民贫，家无余藏，岁遇旱涝，无假贷之处。垓置米千石，立为社仓，民赖之"[3]，备受尊敬。

名宦董槐，字庭植，宋朝时期濠州定远人，嘉定年间进士，广西运判兼提点刑狱，上奏守御七策，"与交趾约五事：一无犯边，二归我侵地，三还掳掠生口，四奉正朔，五通贸易。于是遣使来献方物、大象，南方悉定"[4]。

名宦黄翯，宋朝淳祐中"黄翯知邕州，建学育才，鼎新州治，人咸德之"[5]。为官清廉，有化民成俗之效，人民爱戴。

名宦马塈，宋朝时期宕昌人，抗元名将，咸淳五年（1269年）任钦州知州，又调任邕州知州。治理有法，功绩显著，因抚御边陲有功，升左武卫将军，坚守静江三个月，前后百余战，力挫元军，战败后被元军俘虏杀害。

名宦朵儿赤，元朝时期宁州西夏党项族人，至元二十二年（1285年）任横州路达鲁花赤，任职期间，爱抚士民，发展生产，和好少数民族。"自至元后期出任温州路同知以来，朵儿赤历任温州、处州、平江、绍兴等路总管，并于元英宗

① 《广西通志》卷六十五《名宦》，钦定四库全书本。
② 《广西通志》卷六十五《名宦》，钦定四库全书本。
③ 《广西通志》卷六十五《名宦》，钦定四库全书本。
④ 《广西通志》卷六十五《名宦》，钦定四库全书本。
⑤ 《广西通志》卷六十五《名宦》，钦定四库全书本。

至治元年仕至江西行省左丞。在各路任职期间，他皆能做到施行仁政与推广儒家文化和礼仪。"①

名宦刘国杰，字国宝，本姓乌古伦，元朝时期益都女真族人，先后任湖广省左丞、右丞、湖广行枢密院副使，湖广、安南行平章事和湖广等省平章政事等职，期间平叛了"结援交趾，借兵邕州"②的黄圣许等广东、广西、湖南、江西等地的各民族叛乱。

名宦朱国宝，元朝时期徐州人，至元十四年（1277年），会诸道兵攻广西静江，拔之，进秩管军万户，镇守梧州，领安抚司事。至元二十三年（1286年），迁广南西道宣慰使。

名宦任珪，元朝至正间任横州路总管，德行赢得民众拥戴。

名宦方圆，明朝时期浙江金华人，南宁府知府。在任期间廉明、尽心抚字，民皆德之，后调知泉州府，不忍释去。

名宦刘瑜，明朝洪武年间知横州，政声大振，甫三载以绩最，升授怀庆知府。

名宦何辅，明朝时期宜春人，监生。建文三年任永淳知县，公勤抚字，兴学育才，民甚德之，升应天府推官。

名宦吕升，明朝时期洪武末年横州知州，清谨宽厚，敦行古道，民甚德之。

名宦卢琛，明朝时期江西人，横州判察，兴教育，政绩卓越。

名宦侯康远，明朝时期横州官员，政绩卓越。

名宦陈才鼎，明朝时期青田人，知南宁，政绩卓越，民众拥戴。

名宦卢瑞，明朝时期香山人，正统十四年（1449年）横州学正。德足以化人，学足以淑士，人称为好先生，郎中乐

① 刘志月：《元代西夏遗民李朵儿赤事迹考论》，载《西夏研究》2017年第3期。

② 〔元〕苏天爵：《元文类》，商务印书馆1958年版，第585页。

章为之传。

名宦叶盛，字与中，明朝时期江苏昆山人，正统十年（1445年）进士，都察院右佥都御史。天顺二年（1458年），巡抚两广，改革盐法，"攻破大藤峡贼砦八百所，斩首万级"[1]，整治吏治，兴利除弊，修饬武备，开垦耕稼，岁丰食足，后官至礼部右侍郎、吏部左侍郎。谥"文庄"。

名宦桂山，明朝时期成都人，广西参政分守左江，军功甚高，民甚德之。

名宦韩雍，字永熙，明朝时期直隶长洲人，正统七年（1442年）进士，右佥都御史、巡抚。成化元年（1465年）朝廷命其为总督，合两广之力讨伐侯大苟之变，率"永顺及两江土兵十六万人，五道并进，穷追至力山，大败诸贼"[2]，平定持续近二十年的大藤峡瑶变等广西多地各民族起义，并于成化五年（1469年）上奏朝廷，在梧州设立两广总督府，节制两广。

名宦何尧中，明朝时期铜梁人，举人，成化八年（1472年）任横州知州。廉平简易，兴学校修坛壝，赈荒恤孤，抑强扶弱，奏革运表巡司任，七载升桂林府同知。

名宦曾乃鼎，明朝时期广西郁林人，知永淳县，卫国护民，战绩颇高。

名宦刘琯，明朝时期山东海阳人，成化八年任横州学正。持身端谨，训诲有方，民众尊敬。

名宦蔡蒙，明朝时期吴县人，田州土知府，感知以礼，平息动乱。

名宦杨守随，字维贞，明朝时期浙江鄞县人，成化二年（1466年）进士。曾任南宁知府、广西右参政、按察史等职，居官刚正，秉公办事，博通经史，著有《历官奏议》

① ［清］傅维鳞：《明书》卷一百二十四《叶盛传》。
② 金鉷修撰：雍正《广西通志》卷九十五，广西人民出版社2009年版。

《贞庵集》。赠"太子少保"，谥"康简"。

名宦潘常，明朝时期闽县人，举人。弘治初年任横州学正，以师道自重，讲解不懈。

名宦张聪，明朝时期乐昌人，任永淳知县，人民爱戴。

名宦何璋，明朝时期广东顺德人，举人。弘治十年（1497年）任横州知州，简素持己，平易近民，流民复业。

名宦刘芳，字永锡，明朝时期广东阳江人，成化十四年（1478年）进士，弘治十一年（1498年）任南宁知府。爱民为本，不媚上官，致仕去民怀之。

名宦罗嵩，明朝时期通城人，知宣化县，德行高尚，人民爱戴。

名宦岳嵩，明朝时期饶平人，永淳教谕，治理有道，人民爱戴。

名宦罗环，字延宾，明朝时期新逾人，弘治九年（1496年）任庑坚医肘推官。清小盛严狱讼，多所平反，后知上思州，改土为流，教化风俗，吏升池州府同知，民有去思。

名宦曾日丙，明朝时期南海人，知上思州，分民田地，复民之业，民众拥戴。

名宦赵建柏，明朝时期都昌人，知永淳县，人民爱戴祀之。

名宦李雍，明朝时期晋江人，进士。正德四年（1509年）由文选司负外出为南宁知府，谨慎廉洁，为政宽容平和，人民拥护。

名宦汪献，字惟贤，明朝时期钱塘人，进士。正德六年（1511年）任南宁智肘，刚明正直，庶洁有为，入朝卒于途，民甚思之。

名宦林珍，明朝时期顺德人，举人。正德八年（1513

年）任宣化知县，诸练土俗，诸所断狭，裁以法理，民皆慑服，无究焉。

名宦黄琼，明朝时期上元人，横州知州，创建淮海书院，注重教育。

名宦黎磬，明朝时期广东电白人，知上思州，修理城池，振起文风，称为循吏。

名宦张舰，又名张岱，字时俊，明朝时期萧山人。成化二十三年（1487年）进士，嘉靖元年（1522年）任都察院右都御史，总督两广军务，兼理巡抚，镇压贼寇，赏罚分明，累官工部尚书。

名宦王济，明朝时期乌程人，横州判官。时州方缺守，摄篆视事，尽得其习俗利弊，召父老庭下集议可否而从革之，于是民知向方，盗亦潜息。

名宦李景元，明朝时期侯官人，进士。嘉靖元年任知南宁府，兴办学校，惠及百姓。

名宦姚镆，明朝时期浙江慈溪人，名臣、著名军事家。弘治六年（1493年）科举进士及第，嘉靖四年（1525年），任右都御使史，提督两广军务兼巡抚，平定田州土官岑猛叛乱，晋升左都御史，加太子少保。

名宦潘文明，明朝时期广东揭阳人，举人。嘉靖三年（1524年）任知永淳县，修筑城壕，重建城隍，治理严明。

名宦陈尧恩，吴江人，嘉靖五年（1526年）由永安州摄任横州知州，治理有道，恩泽百姓。

名宦王守仁，字伯安，别号阳明，明朝时期浙江绍兴府余姚人，思想家、文学家、哲学家和军事家。弘治十二年（1499年）进士，左都御史总督兼任巡抚，嘉靖七年（1528年）二月，王守仁率兵抵达南宁，指挥平定思恩、田州、断藤峡等叛乱。重视当地教育，其认为"境接诸蛮之界，最宜用夏变夷，而时当梗化之余，尤当敷文来远"[1]，在思恩、田州和南宁设立学校，并且还创立了南宁书院和敷文书院。至今在南宁青秀山石崖上还留存其摩崖石刻。

名宦蒋山卿，字子云，明朝时期江苏仪征人，文学家、画家，书法家。正德九年（1514年）进士，知河南府改浔州再改南宁，升广西布政司参政，兴学重农，著有《南泠集》等。

名宦吴世宝，明朝时期广东翁源县人，宣化知府，一身正气，客观公道，匡扶正义，赏罚分明，严明仁惠，政绩声名远近扬播。

名宦方纪达，字行可，明朝时期歙县人。正德十二年（1517年）进士，嘉靖八年（1529年）以佥事分巡左江，值田宁用兵之后，出谋发虑，动合机宜，加以抚恤，民赖以生。

名宦喻义，字宜之，明朝时期江苏无锡人。嘉靖年间进士，嘉靖十二年（1533年）奉旨守南宁，为官三年，廉以自持，诚以待物，公正廉明，深得民心。

名宦陈世瞻，明朝时期陕西人，知上思，治理严明，人民安乐，首修州志。

名宦孙宽，明朝时期晋江人，监生。嘉靖年间任南宁府训，淡泊名利，勤俭节约，振兴一方。

名宦方鹏，明朝时期南直隶怀宁人。嘉靖五年进士，嘉靖十四年（1535年）任永淳知县，兴修书院，后人在书院供奉之。

名宦林昭，明朝时期广东人，监生。嘉靖十五年（1536年）任南宁府教授，劝诱青衿，教事修举，持己接士，忠厚老成，士心翕服。

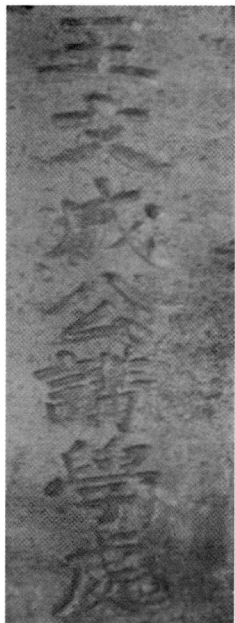

南宁敷文书院旧址之"王文成公讲学处"石碑

[1] ［明］王守仁：《王守仁全集》，上海古籍出版社1992年版，第626页。

名宦卢定莆，明朝时期莆田人，监生。嘉靖十五年（1536年）任南宁府训导，教士随材造就，不以寒暑有所变更，士子诵其学之富教之勤。

名宦耿定向，字在伦，明朝时期湖广黄州府黄安县人，思想家、"明代理学之宗师"[1]。嘉靖三十五年（1556年）进士，嘉靖年间任横州州判、推官，为官清廉，政绩卓著，注重民俗驯化、教育办学，历行人、御史、学政、大理寺右丞、右副都御史至户部尚书，总督仓场。追赠"太子少保"，谥号"恭简"。

名宦吴子坚，明朝时期潮阳人。嘉靖初任宣化教谕，治学严谨，体恤民情，救助贫寒之人。嘉靖中由宣化教谕任庆远府教谕。

名宦周璞，明朝时期福宁州人，举人。嘉靖二十三年（1544年）知上思州，莅政廉明，兴废救漠，民甚德之，后升思恩知府。

名宦翁万达，字仁夫，明朝时期潮州府揭阳人。嘉靖五年（1526年）进士，嘉靖十三年（1534年）出任梧州知府，声绩大著，升为广西按察副使，嘉靖十七年（1538年）为征南副使，恩威并施，以"辑让而告成功"[2]之策平定西南边疆局势，取得安南之役胜利，嘉靖二十年（1541年）擢升任四川按察使，后官至兵部尚书。追赠"太子少保"，谥"襄敏"。

名宦赵鼎，明朝时期道州人，举人。嘉靖二十四年（1545年）任永淳县知县，治理有道，百姓祀之。

名宦王时中，字执之，明朝时期闽县人，举人。嘉靖二十六年（1547年）任横州知州，存心恺悌，政尚廉平，体顺民情，断狱多从宽恕，作兴士类，爱惜民财，百姓戴之如父母。

① 中国社会科学院历史研究所明史研究室：《明史研究论丛》（第七辑），紫禁城出版社2007年版，第178页。
② ［清］张廷玉等：《明史》，中华书局1974年版，第5245页。

名宦詹世龙，字见卿，明朝时期瓯宁人，举人。嘉靖三十三年（1554年）任上思州知州，建城辟路兴学恤民，百姓祀之。

名宦郭应聘，字君宝，号华溪，明朝时期莆田人。嘉靖二十九年（1550年）进士，嘉靖三十七年（1558年）任南宁府知府，累擢广西布政使，镇压古田叛乱有功，进右副都御使，巡抚广西，讨平府江叛乱，进右都御使，总督两广，官至南京兵部尚书，参赞机务。追赠"太子少保"，谥"襄靖"。隆庆年间，南宁人建"郭公祠"以为纪念。

名宦郑国臣，明朝时期广东海阳人，举人。嘉靖四十五年（1566年）任横州知州，为官有道，万历七年（1579年）升任思恩府知府。

名宦霍兴瑕，明朝时期南海人，任广西按察金事，治理有道，开建新宁州，百姓立祠堂祀之。

名宦邓林材，明朝时期内江人，举人。隆庆六年（1572年）任新宁州知州。作为新宁州首任知州，由详请阖廪三年两贡，为官有道，后升武昌通判。

名宦张治具，字明遇，明朝时期晋江人。隆庆五年（1571年）进士，隆庆六年（1572年）任永淳知县，豁浮赋，罢凿矿，阅岁，移临海，去之日，老幼遮道，立祠祀之，后累官直至四川按察使。

名宦丘锦，明朝时期福建龙岩人。万历八年（1580年）任横州知州，廉洁正直，百姓立祠祀之。

名宦张思中，明朝时期分宜人，贡生。万历十二年（1584年）任新宁州知州，为官有道，设新宁六都。

名宦钟大咸，明朝时期高要人，举人。万历十八年（1590年）知横州，宽仁律己，兴学爱民，万历二十二年

（1594年）升梧州同知，后迁福州府同知。

名宦陈大科，"贯直隶扬州府通州，民籍，国子生，治《诗经》"[1]，字思进，号如冈，明代文学家、刻书家。隆庆五年（1571年）进士，累至右都御史兼兵部尚书，总督两广，弹劾贪官污吏，赈灾、定安南有功。

名宦朱默，明朝时期瑞峰溧阳人，举人。万历二十八年（1600年）任新宁知州，为官有道，百姓立祠祀之。

名宦张集义，明朝时期余姚人。万历十四年（1586年）进士，任横州州判，重视文教，淡泊名利。

名宦杨寅秋，字义叔，明朝时期庐陵泰和人。万历二年（1574年）进士，以平贵州叛乱之功，累官广西按察司副使、左江兵备道，万历二十三年（1595年），和平处理与安南的关系，边境因此安宁，百姓建报德祠以感念，"南天建节，为法吏师。声流重译，道行九彝。文武壮，百粤保障"[2]。

名宦朱鸣时，明朝时期蒙化人。万历年间任新宁州知州，驱逐乱贼，重修州学，百姓祀之，万历三十七年（1609年）升任思明土府同知。

名宦杨浩，明朝时期内江人，上思牧，刚直不阿，百姓立祠祀之。

名宦童时明，明朝时期浙江淳安人，进士。万历四十年（1612年）任永淳县知县，维护治安，兴办学堂，鼓励农耕，使老有所养，幼有所教，各乐其业。万历四十二年（1614年），建成"承露塔"。著有《三吴水利便览》《昭代明良录》等。

名宦侯世屏，江夏人，举人。明朝万历四十二年任上思州知州，修缮边城，设防镇守，百姓立祠祀之。

名宦胡廷宴，明朝时期漳浦人，万历二十三年（1595

---

① 陈文新：《明代科举与文学编年》，武汉大学出版社2009年版，第2558页。
② 宣统《南宁府志》卷五十三《艺文志赞》。

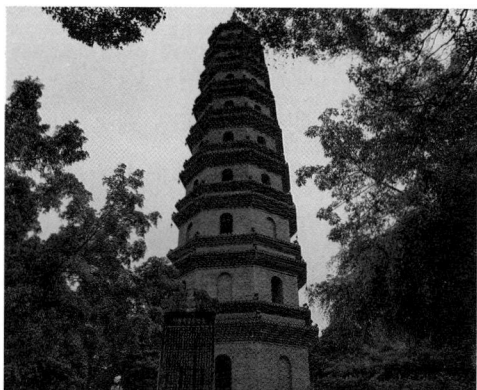

南宁文庙之附祀名宦童时明所建的承露塔依然屹立在邕江边（图片来源：图虫创意）

年）进士，广西按察司副使，整治军队，教化民风。

名宦林梦琦，明朝时期福建晋江人，万历二十二年（1594年）进士，万历四十六年（1618年）任南宁府知府，清廉恤民，修缮城堤，后官至粤西副使。

名宦谢杞，明朝时期江宁人，天启年间任新宁州知州，为官清廉，体恤百姓。

名宦线国安，明末清初时期奉天人，"顺治七年，从定藩右翼，总兵征广西，下桂林，入柳州，进逼南宁，充先锋，功甚多""镇广西，挂将军印二十余年，不扰民间丝粒。及卒，士民哀之吊者数万人"①。镇守南宁九年，驱逐贼寇，累官至广西提督加太子太保，征蛮将军，封三等伯。

名宦闻晋，明朝时期镇守广西将军，为官清廉，百姓安居、吊唁之。

名宦高科，清朝初期奉天人，贡生。顺治十六年（1659年）知上思州，惩恶除强，社会安定。

名宦朱士毅，清朝时期奉天人，官生。康熙三年（1664年）知上思州，发展农业，民衣食丰足，后官升云南府知府。

名宦慕天颜，清朝时期甘肃静宁人。顺治十二年（1655

① 《广西通志》卷六十九《名宦》，钦定四库全书本。

年）进士，康熙五年（1666）任南宁府同知，深入瘴疠之地亲自调查，办理督府尽交之全省重大刑狱案，凡疑难案件，均得水落石出，后升为福建兴化府知府。

名宦蟒吉图，顺治十四年（1657年），由参领擢正蓝旗满洲副都统分镇粤东，所至之地秋毫不犯，卒之日异香满室，兵民绕署而哭，"恢复南宁诸郡，功德甚大"①，入六公祠奉祀。

名宦黄元骥，字德臣，福建晋江人。康熙十九年（1680年）任广西按察使，"端廉律己而遇物宽和，慎理刑狱，兴修学校"②，康熙二十二年任山东布政使。

名宦王如辰，山东胶州人，进士。康熙十九年由户部郎中提督广西学政佥事，谕诸生以道德性命之理，力振兴粤西文学，史料称："粤西文学日兴实如辰始之。"③

名宦高雄徽，清朝时期渭南岭西人，桂林教授，重教育，修学宫，著作丰。

名宦郝浴，字冰涤（又字雪海），清朝时期直隶定州人，顺治己丑（1649年）进士，康熙二十年（1681年）巡抚广西。清理剔除各种弊端，复南宁、太平、思恩诸府县行盐旧制，"复建书院，延师授业，暇则至院亲为讲解，后卒于官"④。

名宦郭景仪，清朝时期直隶宣化人。康熙二十九年（1690年）调任横州，久罹兵燹，户口逃亡，劳来安定，至者如归，"捐赀营建学宫"⑤，完整修缮殿庑、祠宇、明伦堂和棂星门，捐造营房拨兵防御，民得安枕。

名宦彭鹏，字奋斯（又字古愚），清朝时期福建莆田人，顺治十七年（1660年）举人。康熙三十九年（1700年）任金都御史，巡抚广西，为官忠廉，省刑布德，减税轻徭，弹劾

① ［清］郝浴：康熙《广西通志》，清康熙年间刻本。
② 《广西通志》卷六十九《名宦》，钦定四库全书本。
③ 《广西通志》卷六十九《名宦》，钦定四库全书本。
④ 《广西通志》卷六十九《名宦》，钦定四库全书本。
⑤ 《广西通志》卷六十九《名宦》，钦定四库全书本。

贪官，积弊一清，百姓戴德，后调广东。

名宦李浑，清朝时期德州人，任广西布政使，兴文教，重农业，驱贼寇，保安民。

名宦梁凤翔，清朝时期咸宁人。康熙四十二年（1703年）任上思知州，禁巫（邪）术，开垦土地，惩罚私贩，百姓称其为"真父母"。

名宦凌森美，字嵩伍，清朝时期江南定远人。康熙五十四年（1715年）任永淳县知县，修缮孔庙，重教化，兴学校，育人才。

名宦孔毓珣，字东美，清朝时期山东曲阜人，孔子六十六世孙，赐恩贡生。康熙五十六年（1717年），任广西按察使，康熙六十一年（1722年）任广西巡抚，雍正元年（1723年），加授广西总督，后调两广总督、江南河道总督，有惠政，尤以筑堤捍江、谨防水患取信于民。

名宦张若霈，字云举，清朝时期安徽桐城人，清康熙四十七年（1708年）举人。康熙六十年（1721年）任广西梧州知府，"严饬保甲"[①]，赈济灾民，严防水旱灾，严惩不逞之徒，治理有道，后加按察使衔。

这些名宦的姓名，都刻碑镶在南宁文庙名宦祠墙上。

纵观孔庙的主祀、配享、陪祭、从祀与附祀，有孔子与孔门弟子，亦有孔子同一时代的贤人以及后世的名儒、名宦和乡贤。"在教育意义下，孔子以及配享等诸先贤，借庙制将知识与教育的权威性提升至神格，以超越世俗的王权。这种神格是知性的，是人间的典范，供士人学习、效法，将来甚至亦可并列圣贤，但非属于祈求未来世的宗教或神学。"[②]可见，南宁文庙里的孔子及圣贤在历史上，起到了可敬、可追随的巨大教化作用。

① 《广西通志》卷六十九《名宦》，钦定四库全书本。
② 高明士：《天下秩序与文化圈的探索：以东亚古代的政治与教育为中心》，上海古籍出版社2008年版，第239页。

祭祀时日、
程序与过程

自汉高祖刘邦公祭孔子以后，祭孔礼制逐渐形成，每年的祭孔大典为农历二月或八月。南宁文庙自诞生之日起，就按此礼制进行祭祀。

祭孔大典

新南宁文庙的祭祀始于2011年1月30日，即新南宁文庙迁建落成仪式暨祭孔大典之日。此后，每年9月28日举办祭孔大典。此外另一重要的祭祀就是春祭，多数在每年农历春节期间。南宁文庙祭孔参照明代礼制，司仪、礼生、舞生、乐生等着明朝古装，头戴礼帽，主祭嘉宾和参祭人员披上祭巾，按照流程庄严祭拜，仪式集诗、乐、舞、礼为一体，严格按祭孔规制流程，进行初献、亚献和终献。初献礼之前，大祭司带领众人诵读《论语》中的经典片段。在仪式过程中，还配以专门用于祭孔的六佾舞表演。祭祀过程按"启礼""献礼""颂礼"等程序神圣、庄重地逐一进行。祭孔大典一般包含开幕式、经典诵读、启户、献馔、敬献花篮、献帛、行礼。身着红色明朝服饰的舞生随乐起舞，献祭人员根据传统规制"献帛馔礼"，分别手捧帛、爵盘，以及抬三牲（猪、牛、羊）、五谷和瓜果，从大成门走过御道，登上拜台，献帛、爵于祭台上，行三鞠躬礼后归位。随后，主祭嘉宾和参祭人员相继走上拜台敬献花篮，在诵读《祭文》后，参祭人员整理衣冠，全体肃立，向至圣先师孔子行礼。

其他活动

南宁文庙除祭孔大典之外，还有祭孔礼、开笔礼、成人礼、敬老礼、成童礼、拜师礼、结婚礼、誓师动员大会等。围绕这些主题，近年来南宁文庙还举办了国学大赛，将孔子文化节升级为"中国—东盟（南宁）孔子文化周"。除了保留原有的活动之外，还邀请各东盟国家驻南宁总领事馆的高层人员出席祭孔大典。在"中国—东盟（南宁）孔子文化周"上，传统文化展览、中华传统文化公益晚会、千人拜师礼、中秋晚会（拜月大典）等精彩活动，让民众感受中国传统文化的博大精深，感受儒家的魅力。这些活动不仅使广大民众更好地了解孔庙的功用，感性认识儒学文化，而且为传承儒家文化精神、弘扬传播儒学文化精华、教化边陲做出了贡献。

南宁历史悠久，地处祖国西南边陲。这里古为百越之地，主要世居的少数民族为"西瓯""骆越"，即壮族的先民。壮族是"西瓯""骆越"之后裔，是当地的土著民族。南宁历史上民风剽悍，瑶、壮诸族曾纵兵为祸，民族矛盾频发，加之远离中华传统文化中心，信息技术落后。尽管南宁文庙的社会教化任务比较艰难繁重，教化历程比较艰辛、曲折，但是南宁文庙作为南宁地区的儒学文化代表，在千年的历史长河中起到缓和民族矛盾、促进民族团结、维护边疆安宁、促进地区稳定统一的作用。南宁文庙的教化功能是巨大的。

从百越属地
到壮乡首府

考古学研究认为，旧石器时代的柳江人和麒麟山人是广西的最早居民，继而是瓯雒人，然后才是布越（依）人。壮族人是这片土地早期先民百越的后裔。作为中国最大的少数民族，壮族历史源远流长。

百越、骆越与壮族

"百越"的记载最早见于《吕氏春秋》的"扬汉之南，百越之际"[①]。"在古书和中原出土的青铜器铭文中的'南夷''仓吾''南欧''南海'等词"[②]，都是指"百越"部落。古百越人主要分为两支：西瓯和骆越。"瓯"，壮语意为"凹状器皿"，后演变为民族名称是因为该民族擅长于烧制此类器具；《汉书》称"西瓯即骆越也，言西者以别东瓯也"，可见，西是因为瓯民族世袭居住于岭南西段，有区别于岭南东段的诸如温州地区的其他族群。"骆"，壮语为多义词，一指"鸟"，二指丘陵之间的"湿地"；"越"，壮语义为"青蛙"。"骆"（湿

① ［战国］吕不韦：《吕氏春秋》，中华书局1991年版，第574页。
② 黄现璠等：《壮族通史》，广西民族出版社1988年版，第141页。

侗语族诸民族及其先民的人文始祖——布洛陀

地）得益于广西地处岭南地区，雨量充沛，后来都被勤劳的骆民族开垦成肥沃的水田，形成壮族的"那"（壮语"水田"之意）文化，并在大片的水田旁边（往往是丘陵上）建设村庄，世袭居住。

因此，以"骆"命名，既源于骆人先民对鸟的崇拜，又源于其对水田的偏好；而以"越"命名，则源于越人先民对青蛙的崇拜。因此，骆越民族是一个既爱好开垦水田、崇拜鸟文化，又崇拜青蛙文化的族群。百越民族还是最早栽培水稻的人类族群之一。如今，广西的很多壮族村寨尤其是较为古老的村寨，依然保留着依山傍水的田园风光的布局。创作于约公元前5世纪至2世纪之间的广西花山壁画，展示的神秘而震撼的文化景观"蹲式人形"，表现的就是青蛙图腾，正是壮族先民的文化图腾。

"自古以来，壮族及其先民就在华南——珠江流域生息繁衍。"[①]布洛陀，是珠江流域原住民族即壮侗语族诸民族及其先民的人文始祖。壮语"布"即祖公，"洛"即知晓、会做，"陀"即全部、足够，"布洛陀"即无所不知的祖公。[②]布洛陀文化"不仅影响珠江流域，还波及东南亚的泰国、老挝、越南等国家；不仅影响壮民族，还影响侗族、水族、布依族、傣族、黎族、毛南族等民族"[③]。骆越族生活在商周至秦汉时期，骆越文化来源于布洛陀文化。大明山南岳一带据考古证明是骆越文化发祥地，南宁市武鸣区马头镇是骆越古都所在地。[④]西瓯是百越的北支，骆越则是南支，南支的骆越要比北支的西瓯更早地在岭南地区生存，两族先人在血缘、文明上都有很大的差别，南北两支原本不合。在秦朝一统天下的进程中，两支族人才开始逐渐联合。"自湘漓而南，故西越也；牂柯西下邕、雍、绥、建，故骆越也。"[⑤]自夏商周起，骆越以氏族部落的方式存在。壮族是上古骆越人的后裔，自古以来桂中即大明山周边的壮人自称"布壮"（壮人的意思，壮语的布就是人）、"布农"（兄弟，这里是一家人的意思）。其他按地域以及语言发音偏差还有"布越""布雅伊""布衣""布沙""布土""布央""布曼""布饶""布傣"等，都是各地壮族人的自称。还有的自称壮、侬、郎、土、沙等，可以说应该都是同一民族。东汉以前，西瓯和骆越及其后裔一直是该地区的土著民族。东汉末年，由于中原战乱，中原大姓豪族才开始迁入。其中一批中原人和当地的越人相结合，造就了如今的壮族。壮族历史上被称为"僮族"，

桂西僮族自治区成立纪念章

① 张声震：《壮族历史文化与〈壮学丛书〉——〈壮学丛书〉总序》，载《广西民族研究》2003第1期。

② 张声震：《壮族麼经布洛陀影印译注》第一卷，广西民族出版社2004年版，第37页。

③ 徐赣丽：《多元浑融的壮民族民间信仰文化——〈布洛陀经诗〉文化蕴意之三》，载《广西民族研究》1999第3期。

④ 参见罗世敏主编：《大明山的记忆——骆越古国历史文化研究》，广西民族出版社2006年版，第22-23页。

⑤ 《四库全书·百越先贤志提要》。

南宁市的考古发现图

古意为"书僮"。1965年，周恩来总理提议并经国务院批准，将"僮"改作"壮"。

广西壮族自治区首府

自唐朝开始，俚、僚等壮族先民日渐发展壮大，逐渐形成了自己独特的民族文化，并且和其他的部族不断同化，彼此之间逐步达到不分你我的程度。到新中国成立初期，90%以上的壮族人口聚居在广西，约占广西总人口的34%，居住面积占广西总面积的60%。各民族的风俗习惯在各自保留本民族特色的同时，相互影响，逐渐形成了如今独特的地区文化。秦朝统一岭南之后，设立了桂林、象、南海三个郡，该地区正式归入中央政府管辖。两广地区，汉朝称为交州，唐朝称为岭南道。从秦汉至唐，广西地区的重要性主要在于它是中原沟通交趾和广州的大通道的一部分。北宋称之为广南西路、广南东路。广南西路，就是广西的由来。元朝前期，湖南、湖北与广西、广东都属于湖广行省；元朝末期至今，广西地区一直是祖国大家庭的省份。1949年12月11日，广西全境解放。中华人民共和国初期设广西省，省会设在南宁。1952年桂西僮族自治区成立，1956年3月改为桂西僮族自治州。1956年10月，中共中央提出了建立广西僮族自治区的倡议，1957年6月，国务院作出关于建立广西僮族自治区的决定，并在同年7月召开的第一届全国人民代表大会第四次会议上通过相应的决议。1957年9月，广西省第一届人民代表大会第五次会议根据全国人民代表大会的决议，通过了建立广西僮族自治区的议案，并成立了广西僮族自治区筹备委员会。1958年3月5日，广西僮族自治区第一届人民代表大会第一次会议在南宁隆重召开，宣告广西僮族自治区成立。时任中共中央政治局委员、国务院副总理贺龙代表中共中央、国务院到会祝贺。1965年10月12日，经国务院批准，广西僮族自治区更名为广西壮族自治区。

历史上广西东中西部教化的失衡

广西外受南岭阻隔，内被山脉分割成块，山地丘陵面积占75.6%，平原台地占23%。广西大致可分为桂东与桂西。桂东地区包括广西盆地的中部和东部，多丘陵平原，适合农业发展，自然条件优越；桂西则是云贵高原东南边缘的延伸，层峦叠嶂，山高水深，红水河、左右江流经其间，自然条件艰苦。历史上，湖南、江西的移民进入桂东北，广东移民则进入桂东南，经过一千多年的开发，汉文化在桂东地区确立了主导地位，形成"壮族的分布地域由遍布全区转而退居桂西（包括桂西南和桂西北），汉族则由北而南由东而西渐进"[①]的分布格局。因此，桂东与桂西分界线大体可以用现在的湘桂铁路线来划分，即从桂林、柳州、来宾、南宁到钦州。

广西与海的渊源极深。据中国古籍记载，早在公元前111年至220年，合浦郡就以海上丝绸之路始发港的身份，将汉王

① 黄海云：《清代广西汉文化传播研究》，民族出版社2009年版，第12页。

朝的丝绸、瓷器、珍珠、茶叶转运到东南亚、南亚、西亚、北非和欧洲，也把来自域外的象牙、琉璃、海贝乃至广西的荔枝、龙眼输送到内地。汉代合浦郡管辖桂东南、粤西南以及雷州半岛和海南岛等地，郡治初在徐闻县，后迁合浦县（今北海市合浦县），是当时中国南部最重要的都会之一。六朝以后，广州港崛起，海上贸易线路东移，环北部湾的海港几乎都变成了渔港，几乎退出了中国航海史。从唐末的岭南西道、宋代的广南西路到元代的湖广行中书省，钦廉地区与广西大部分地区合属同一个省级行政区长达506年。明朝时，钦廉地区被划给广东布政使司管辖，广西转变为一个内陆省份。在明清五百多年的历史中，广西一直保持内陆省的身份。晚清中法战争后，两广总督岑春煊（广西人）积极推动钦廉重新划归广西管辖。钦廉改隶几经波折，1952年钦廉地区一度划归广西管辖，1955年重回广东。1965年钦廉地区再次划给广西，拥有了一千多公里的海岸线，有了北海、钦州和防城三大港口。

尽管广西地理位置远离中原，但人杰地灵，从秦代百越族西瓯部落联盟酋长译吁宋算起，亦是人才辈出。中国古代多以科举功名、文人文学及其他成就来衡量人才。

广西历代状元、榜眼、探花一览表

姓名	籍贯	功名	中式时间	备注
赵观文	临桂	状元	唐乾宁二年（895年）	
梁嵩	平南	状元	五代十国南汉白龙元年（925年）	
裴说	临桂	状元	唐天祐三年（906年）	
王世则	永福	状元	宋太平兴国八年（983年）	
冯京	宜州	状元	宋皇祐元年（1049年）	三元及第
黎志	庆远	榜眼	宋治平四年（1067年）	
权凤	来宾	探花	宋熙宁九年（1076年）	
李琪	永福	状元	北宋大观元年（1107年）	武状元
毛自知	富川	状元	宋开禧元年（1205年）	
吕调阳	临桂	榜眼	明嘉靖二十九年（1550年）	
舒弘志	全州	探花	明万历十四年（1586年）	
陈继昌	临桂	状元	清嘉庆二十五年（1820年）	三元及第
龙启瑞	临桂	状元	清道光二十一年（1841年）	
覃贵福	武宣	状元	太平天国十年（1860年）	武状元
丁建章	临桂	榜眼	清同治四年（1865年）	
张建勋	桂林	状元	清光绪十五年（1889年）	
刘福姚	桂林	状元	清光绪十八年（1892年）	

状元，是科举制度殿试的第一名，又称殿元、鼎元，为科名中最高荣誉。历史上广西共产生了10名文状元。早在唐昭宗乾宁二年（895年），就产生了广西第一个文状元——乙卯科状元赵观文。此后又有裴说、梁嵩、王世则、冯京、毛自知、陈继昌、龙启瑞、张建勋、刘福姚诸人考中状元。其

中北宋时期的冯京是广西科举史上第一个三元及第，[①]清朝时期的"结历代三元之局"[②]的陈继昌则是中国科举史上最后一位三元及第。

进士是科举考试的最高功名。贡士参见殿试被录取为三甲的都叫进士。考中进士，一甲即授予官职，其余二甲参见翰林院考试，学习三年再授官职。据统计，在中国1300多年的科举史上，进士的总人数至少为98749人。明代壮族地区考中进士的人数为：柳州府和庆远府均为12人，南宁府11人，思恩府3人，而泗城府、思明府、镇安府均无人考中进士。清代考中文进士的人数为：柳州府27人，庆远府5人，太平府7人，南宁府38人，镇安府4人，思恩府7人，泗城府3人。[③]广西历代进士共1127人，按现在行政区域划分，其中桂林市共607人，玉林市97人，柳州市80人，南宁市70人，梧州市64人，贵港市55人，河池市46人，贺州市38人，来宾市17人，钦州市15人，北海市14人，崇左市12人，百色市7人，籍贯无法考证者5人。可见壮族地区从明代到清代，文化水平明显提高。上述统计虽可能不能完全反映各府管辖下不同州县的文化发展水平，但大体上能透射出广西地区文化发展乃至教化的不平衡状态。

广西地区文化发展乃至教化的不平衡状态还体现在家族的发展与教化的深度上。桂东地区的桂林况氏家族，况祥麟于嘉庆五年（1800年）考中举人，其子于道光二年（1822年）考中进士，历任户部主事、刑部员外郎等职，工诗词，擅考据，著有《粤西胜迹诗抄》等。况澍在道光九年（1829年）考中进士，官至刑部主事、员外郎，工诗，著有《杂体诗钞》等。阳朔县的莫氏家族在宋皇祐五年（1053年）至绍兴二十七年（1157年）的近百年间陆续有莫综、莫焕、

① 参见金鉷等：《广西通志》卷七十《选举》，《四库》总第567册，第171页。
② 一士：《彝斋漫笔》，《近代中国史料丛书》第60辑，台北文海出版社1960年版，第230页。
③ 梁精华：《广西科举史话》，广西人民出版社1993年版，第106页。

莫知微、莫知彰、莫杰、莫赞六人考中进士。临桂县的朱氏家族，为靖江王宗室后裔，崇祯十五年（1642年）朱履蹂（桑）首中进士，自清雍正二年（1724年）至乾隆五十八年（1793年）共有朱若炳、朱若东、朱一深、朱一玠、朱依鲁、朱衣灵、朱桓七人中进士。临桂县的陈氏家族呈现了"高祖当朝一品，文孙及第三元"[①]，即清雍正元年（1723

桂东书香家族古宅

① 梁章钜：《楹联续话》卷三《佳话》，第222页。

年）陈继昌的高祖父陈宏谋首中进士官至当朝一品，随后儿子陈钟珂考中举人，孙子陈兰森考中进士，嘉庆二十五年（1820年）曾孙陈继昌三元及第，至清末，陈氏家族共考中八名进士（其中一名状元）、三十二名举人，被誉为"天下科举第一家"。灵川县的周氏家族为宋大儒周敦颐的后裔，明代迁居灵川，清朝共考中二十二名举人、八名贡士、六名进士，由此入仕为官的七品以上官员共三十四名。其中周履泰与周启运是"父子庶吉士"，而周启运和周廷揆则是"父子进士"，周冠和周绍昌是"父子翰林"，更难能可贵的是周培正（玄祖）、周凤仪（曾祖）、周履泰（祖）、周启运（父）、周廷冕则为"一门五代知县"。全州县的唐氏家族，自宋咸平三年（1000年）至咸淳十年（1274年），二百七十多年间，陆续有唐固、唐圭、唐时、唐谏、唐光、唐刚、唐桂、唐滨、唐湘、唐震龙十人中第。全州县的赵氏家族，自宋贞祐二年（1214年）至淳祐元年（1241年），陆续有赵继永、赵用章、赵浚、赵继承、赵畲夫、赵畲夫、赵仑夫中第。全州县的蒋氏家族，在明代以科举立族，自成化二十三年（1487年）起，共有蒋冕、蒋昇、蒋淦、蒋彬、蒋贲、蒋焞、蒋应期、蒋遵箴、蒋之秀、蒋士忠、蒋肇、蒋纲、蒋恰秀、蒋如松、蒋林、蒋良骐、蒋良翊十七人考中进士。平乐县的黄氏家族，宋天圣至元祐七十年间（1023—1093），陆续有黄夕、黄君祥、黄君奭、黄君卿、黄彦先五人考中进士。平乐县的陶氏家族，宋淳熙至淳祐近八十年间（1174—1252），共有陶汝贤、陶怀信、陶怀拱、陶庚、陶希文五人考中进士。桂东南的玉林何氏家族，何辅世中康熙三十二年（1693年）癸酉科举人。何辅世大儿子何隐，中雍正七年（1729年）己酉科举人；二子何勉，中雍正十年（1732年）

壬子科举人；三子何畴，中乾隆四年（1739年）己未科进士；四子何秘、五子何党，均为乾隆九年（1744年）举人。何畴自幼聪明好学，过目不忘，历任左右中允侍读官、乾隆皇帝太子傅。

广西地区文化发展乃至教化的深度不平衡状态不仅体现在家族的科举考试功名深度上，而且还集中体现在家族的文学成就上，形成文学家族。经过历史的积淀，到清朝时期，科举功名、文学家族在广西的分布具有分布广但地域不平衡的特征。分布广就是几乎涵盖了广西的桂东、桂中及桂西的所有地区。不平衡体现在：一是桂东分布密度高、桂中次之、桂西密度最低；二是明清之前，几乎高度集中在桂东、桂中的汉族地区，桂西的壮族地区几乎没有，直到清代，壮族文学家族才发展起来。

原因是"晋穆帝永和中（345—356），临贺郡设立学校，这是有文献可考的广西境内最早建立的一所学校"①。"隋朝广西设有县学1所，唐朝广西共创设了11所州、县学"②，"宋朝在广西先后设立州、县学41所，主要分布在桂北和桂东南地区"③。宋朝灭亡之后，广西长期处于战乱状态，社会动荡，官学名存实亡，"元朝恢复修葺了35所"④，"明朝广西共有府、州、县学69所"⑤，但分布极不平衡，其中"镇安府、田州、归顺州、泗城州、向武州、都康州、龙州、江州、思陵州、凭祥州以及这些府和州所辖的土州、土县都维设立官学"⑥，可见桂东地区普遍设有官学，但桂西地区却普遍奇缺。"清朝地方官学的设置仍然沿用明制。清朝前期（1644—1846），各级官学先后建立，至嘉庆初年，广西共有府学11所，州学（含郁林直隶州、太平土州）18所，县学46所"⑦，这时壮族地区的教育也有所发展。

① 广西壮族自治区地方志编纂委员会：《广西通志·教育志》，广西人民出版社1995年版，第9页。
② 广西壮族自治区地方志编纂委员会：《广西通志·教育志》，广西人民出版社1995年版，第9页。
③ 广西壮族自治区地方志编纂委员会：《广西通志·教育志》，广西人民出版社1995年版，第9页。
④ 广西壮族自治区地方志编纂委员会：《广西通志·教育志》，广西人民出版社1995年版，第14页。
⑤ 广西壮族自治区地方志编纂委员会：《广西通志·教育志》，广西人民出版社1995年版，第14页。
⑥ 广西壮族自治区地方志编纂委员会：《广西通志·教育志》，广西人民出版社1995年版，第15页。
⑦ 广西壮族自治区地方志编纂委员会：《广西通志·教育志》，广西人民出版社1995年版，第9-10页。

清代壮族教化开始迅速崛起

广西地区的文化发展与教化，随着历史的发展呈现出从桂东的汉族地区逐渐向桂中、桂西的壮族及其他少数民族地区蔓延的趋势。例如，到了清代，南宁地区的上林县出现了壮族张氏文学家族。

上林县的壮族张氏文学家族，具有人数多、创作文学数量多和历时长久的特点，被誉为清代壮族第一文学家族。这一壮族文学家族共一门九人：张鸿翮、张鸿𪻐、张友朱、张滋、张鹏展、张鹏𧝑、张鹏超、张元鼎、张元衡。张鸿翮是张鹏展的曾祖父，张鸿𪻐是张鹏展的曾叔祖父，张友朱是张鹏展的祖父，张滋是张鹏展的父亲，张鹏展、张鹏𧝑是张鹏展的兄弟，张元鼎、张元衡是张鹏展的儿子，形成涵盖祖孙父子五代且代有科名的文学世家。张氏家族文学传统始于张鸿翮。张鸿翮，号朔庵，康熙五年（1666年）举人，官永宁州（今广西永福）学政，"生平著述多散失"[①]，其诗"清雅"[②]，现存收录于《三管英灵集》六首，收录于《峤西诗钞》十三首。张鸿𪻐，号恒夫，康熙四十一年（1702年）举人，"潜心理学"[③]，收徒授业，其诗现存收录于《三管英灵集》三首，收录于《峤西诗钞》三首。张友朱，号麓旺，康熙二十年（1681年）考中乡试副榜，官义宁（今广西临桂）教谕、庆远府（今广西宜州）教授，其诗"清远俊逸"[④]，现存收录于《三管英灵集》三首，收录于《峤西诗钞》四首。张滋，号灵雨，乾隆六十一年（1796年）举人，后考中明通榜，官全州学政，《三管英灵集》存其诗二首，《峤西诗钞》存其诗六首。张鹏展，字从中，号南崧，又号惺斋，乾隆五十四年（1789年）进士，官至福建道监察御史、山

---

① ［清］张鹏展：《峤西诗钞》卷9，民国抄本。
② ［清］张鹏展：《峤西诗钞》卷3，民国抄本。
③ ［清］梁章钜：《三管英灵集》卷10，清刻本。
④ ［清］张鹏展：《峤西诗钞》序，民国抄本。

东学正、通政使，著有《谷贻堂全集》《读鉴绎义》《离骚经注》《女范》《兰音山房诗草》，大多数已失佚，广西存《谷贻堂全集》抄本三册①，编有《峤西诗钞》《国朝山左诗续钞》等。张鹏衢，字蓄亨，二十九岁英年早逝，《三管英灵集》《峤西诗钞》均存有其诗，其余大多数已失佚。张鹏超，乾隆五十九年（1794年）举人，官平南教谕，《三管英灵集》《峤西诗钞》均存有其诗三首，《上林县志》存其诗《白云洞怀古》。张元鼎，字实甫，嘉庆十三年（1808年）举人，其《趋庭集》已散佚，其诗收录在《三管英灵集》。张元衡，字穆堂，道光五年（1825年）拔贡生，官刑部江苏司小京官，其《病中吟》已佚，《三管英灵集》收录有其诗《夏夜独坐》。此后，张氏后人还不断延续科举功名。张温为张鸿麯之孙，乾隆六年辛丑科拔贡，官恭城昭平武宣三县教谕。张汪为张友朱之侄子，乾隆三十三年（1768年）岁贡。张元钧为张鹏超之子，道光五年乙酉科八股贡，官梧州教授。张元铭为张鹏展论之子，道光二十九年（1849年）己西拔贡。张德舆为张元鼎之子，道光二十四年（1844年）甲辰科岁贡。

除了出现跨越康熙、乾隆、嘉庆、道光时期的上林壮族张氏家族外，明朝时期，"庆远府的韦昭、韦广（均为壮族）皆进士及第，曾分别被任为大理寺丞和巡按御史"②。清代壮族文学家族到清代发展到数量最多，如乾隆、嘉庆时期平南的黎建三、黎君弼父子，宾州（今广西南宁宾阳县）滕问海、滕楫父子，靖西的童毓灵、童葆元兄弟，武缘的黄彦坊、黄彦增兄弟及他们的儿子黄君铿、黄坚钜，道光、咸丰、同治、光绪间的韦天宝、韦丰华父子，道光、咸丰、

① 柯愈春：《清人诗文集总目提要》，北京古籍出版社2002年版，第954页。

② 广西壮族自治区地方志编纂委员会：《广西通志·教育志》，广西人民出版社1995年版，第9页。

同治、光绪间迁江县（今来宾市来宾区）的凌应栅、凌应梧、凌应柏凌氏三兄弟，道光、咸丰、同治、光绪间永福的韦麟阁、韦绣孟父子，咸丰、同治、光绪、宣统时龙州的赵荣正、赵荣章兄弟，光绪、宣统时宁明的农魁廪、农嘉廪兄弟，等等。

壮族地区的科举功名、文学家族，均以父子或兄弟为主，鲜有上林张氏家族那样的长时期的世代传家，此外还涌现了一大批壮族文学家或达人，如被誉为"粤西儒宗""豪杰之士"①的郑献甫，以及黎申产、凌应梧、谢兰、蒙泉镜、韦陟云、韦麟阁、赵荣正、农实达和曾鸿燊等，甚至还在土县出现了像"张维浣（壮族，白山土司土官，画家，诗人）等名人"②。但是与桂东、桂中的众多家族的世代传家相比，桂西壮族地区教育发展还是比较落后，文化积淀的底蕴不够深厚。壮族从汉代以后，就不断接受汉文化的影响，但直到明代文庙的繁荣与兴盛，汉文学校教育才有效地提高了壮族的汉文化水平。桂中、桂西是广西壮族聚居地，明代已经建立了府、州、县学，清代在府、州、县学的基础上又建起了社学与书院。据不完全统计，从清乾隆八年（1743年）到光绪三十年（1904年），桂西壮族聚居地区先后建起秀阳、云峰、仕城、道南、毓秀、镇阳、经正、鹅城、崇正、云麓、南阳等书院。③这些府、州、县学、社学与书院以"四书五经"等儒家经典涵化这片土地，汉文化在壮族等少数民族地区的传播和科举考试在壮族等少数民族地区的推进产生了重要影响效果，这与文庙长期潜移默化的文化蕴涵、教化影响是分不开的。

① 参见陈澧：《东塾集》，台湾文海出版社1970年版，第296页。

② 广西壮族自治区地方志编纂委员会：《广西通志·教育志》，广西人民出版社1995年版，第10页。

③ 参见黄现璠等：《壮族通史》，广西民族出版社1988年版，第539页。

历史教化的特点

平定始终为教化铺路

　　南宁文庙名宦祠附祀的名宦马援、孟尝和谷永，都是汉朝人。马援被誉为"历史上记载的第一个驻足南宁的名人"[1]。现今位于南宁市横县云表镇境内的伏波庙专祀马援，每年农历四月十四（传说是马援生日）当地民间还自发举办"伏波诞"，庆祝马援诞辰日，形成了当地每年一度的"伏波庙会"。马援自东汉光武帝建武十七年（41年）至建武二十年（44年），率军南征交趾，凡经过的郡县，他不仅注重恢复生产、加强治理，还把南越地区与汉朝律法有出入的十余条律法奏明朝廷，并向越人重新申明原有的制度，对他们加以约束，自此之后南越地区一直奉行着马援确定的秩序。孟尝于东汉顺帝（126—144）时期任合浦太守。合浦原产珠宝，因官吏搜刮渐徙到交趾界内，他革除前弊，去珠复还，留有"珠还合浦""孟守还珠"之典故，造福当地民众。谷永任郁林太守时，于灵帝建宁三年（170年）冬天，以恩信方式招降十余万

① 罗世敏主编：《千年写真，南宁史话》，广西民族出版社2004年版，第28页。

乌浒人并开置七县。

南宁文庙名宦祠附祀的名宦徐申、郑愚和李峤，都是唐朝人。徐申于贞元十八年（802年）任邕管经略使时，安抚蛮俗，平定盗寇。郑愚于咸通三年（862年）任邕州刺史兼御史大夫，平定黄巢起义军。李峤于调露元年（679年），征讨岭南邕州、岩州一带叛乱，招降叛军。

南宁文庙名宦祠附祀的名宦侯仁宝、曹克明和冯伸己，都是宋朝人。侯仁宝任邕州知州九年，于太平兴国五年（980年）任交州路水陆转运使，出兵讨伐交州，战死在白藤江中。曹克明在任邕州知州及邕州等十州都巡检使兼安抚使时，平定贼寇。冯伸己任宜州、邕州、桂州知州兼广西钤辖时，单骑出阵，谕降安化土著。南宁文庙名宦祠附祀的名宦余靖、狄青、杨文广、刘几、张玉、贾达、和斌、萧注、孙节、张立、张拱、张日新、谭必，也都是宋朝人，都参加了平定侬智高起义，有的甚至献出了宝贵的生命。名宦周沆，在平定了侬智高战乱后，受命安抚广西，因恢复经济，政绩卓著附祀于南宁文庙。宋朝时期名宦陆诜、宋士尧、余靖、苏缄、唐子正和毛炳，不仅治理邕州有方，并且积极抵御外敌入侵，从而附祀于南宁文庙。陆诜不仅招抚左右江少数民族武装四十五峒所部，而且采取有力措施使经常骚扰边境的交趾人遣使入贡，边境安宁。宋士尧，于嘉祐五年（1060年）发兵抵御交趾和甲峒蛮联合出兵入侵宋朝边境而战死。余靖，在破叛宋称帝的侬智高后，安抚邕州流民的同时，智慧平息交趾人申绍泰率族人入侵邕州的行为。唐子正亦在此次邕州保卫战中战死。毛炳，在交趾犯境之战中督兵战死。横州知州徐安国，在任期间安民息盗，民众拥戴。邕州知州刘初，修筑州城，以至于百姓安居乐业，流寇不敢来侵犯。横州知州陈大纪，在宁宗年间平定在横州聚众造反攻袭数州的侯广、李兰六等贼寇。宋朝苏缄，在熙宁年间率领邕城军民英勇抗击交趾侵略，誓死不降，"诏为故知邕州皇城使苏缄立祠于本州，赐'怀忠庙'为额"[1]。以上诸君都附祀于南宁文庙之中。

元朝时期永淳乡贤颜以达，率领邕州民众归顺朝廷，使得当地免于战乱，附祀于南宁文庙。

明朝时期，名宦韩雍、蔡蒙、张舰、姚镆、翁万达、郭应聘和朱鸣时，都因平定有功而附祀于南宁文庙。韩雍在天顺、成化年间平定广西多地各民族起义。蔡蒙在任田州土知府时，感知以礼平息动乱。张舰在总督两广军务兼理巡抚时，镇压贼寇。姚镆在任右都御使史、提督两广军务兼巡抚时，平定田州土官岑猛的不轨行为。翁万达在任征南副使时，讨伐安南国勾结广西土官反叛。郭应聘在任南宁府知府时，镇压古田叛民，讨平府江叛乱。朱鸣时任新宁州知州时，驱逐乱贼。明末清初时期的线国安、高科亦因平定叛乱的政绩而附祀于南宁文庙。线国安镇守南宁九年，驱逐贼寇；高科在任上思州知州时，惩恶除强，社会安定。

反抗外敌入侵与治国平天下，在中华文化中是个人修养的最高层次，以上南宁文庙名宦祠附祀的这些名宦，以自己的言行为后人阐明了何谓爱国、何谓爱国主义精神。其精神逐渐积淀成邕州城的精神，其胆识逐渐积淀成"文化的力量"[2]，激励后人继承国家兴亡匹夫有责的担当与杀身成仁、舍生取义的英勇，这是儒家对国家、民族的贡献。儒家文化精神润物细无声地滋养着南宁这片土地。

---

① ［宋］李焘：《续资治通鉴长编》，中华书局1993年版，第11322页。

② 罗世敏主编：《千年写真，南宁史话》，广西民族出版社2004年版，第63页。

教化促社会长治久安

平定与教化是地方治理的两面，一般规律为：初期侧重平定，平定之后重于教化。如宋朝名宦范旻、杜杞，都因平定与教化功绩显著而附祀于南宁文庙。范旻任邕州兼水陆转运使时，用俸禄买药，治愈数以千计的病者，并将医书刻于石龛，用以感化民众，摒弃民有病不服药而祭祀以禳灾之盛行巫风。他在邓存忠作乱时亲自应战，坚守邕州城七十余日，直至援兵到才解围。杜杞在任横州知州时，在平定贼寇的同时，博览书传，著有文集十卷，对后世的教化功德无量。

尤其是宋朝时期的陶弼，于治平二年（1065年）知邕州，其不但治水得法、体恤民众，而且直面邕州多民族杂居、彼此关系紧张的现实，着手进行教化。陶弼在望仙坡始建"三公祠"，纪念狄青、孙沔、余靖三位平定侬智高叛乱的将领。后来苏缄在邕州抗击交趾入侵殉国，民众自发地在"三公祠"外修建"怀忠祠"以纪念苏缄。到明朝初期，邕州人将"三公祠"与"怀忠祠"合并，改为"四公祠"。王守仁因平定思田之乱驻扎邕州，民众感恩其在邕州兴办书院、教化社会，将其入祠受祀，改为"五公祠"。清朝初期，莽依图奉命平定"三藩之乱"，在邕州不扰民、不杀降军，民众将其入祠受祀，遂成"六公祠"。民国六年（1917年），陆荣廷拆除"六公祠"建炮台。

史料显示，历史上，中原文化随着中原知识分子、官员不断传入邕州。他们建书院，兴文教，如旧《邕宁县志》记载，至清光绪十七年（1891年），全县共有书院19所，其中南宁城区9所，其他地方10所，对邕地进行文化熏陶，社会教化。宋朝邕州知州陶弼在《度昆仑关》有言"俗异君修德，时平将用文"；元代傅若金在《书南宁驿》中提出"也知文德能柔远，传道新恩欲罢征"[1]；等等，其中"用文""文德"都说明自宋代起南宁的教育有了一定的发展。加之宋朝时期，南宁文庙建立，讲授儒家思想。至元代，南宁府学、横州儒学已非常成熟，元代文璧的《南宁府学记》和张九垓的《横州重修儒学记》对此做了详细记载。《南宁府志》中收录的宋元文章，既有制、表、议等朝廷公文，又有记类文章，如狄青的《京观记》、蔡祖光的《怀古亭记》和刘受祖的《海棠桥记》等，可见教化方式从武功到文治的转变。宋元时代，是汉文化与邕州本土文化相融合的时期。

明朝时期的王守仁、胡廷宴和清朝时期的李浑，亦是如此。王守仁，嘉靖六年（1527年）在平定思恩、田州时，在南宁办书院。王守仁之后的胡廷宴和清朝时期的李浑，亦是如此。胡廷宴，在任广西按察副使时，除整治军队外，不忘教化民风。李浑在任广西布政使时，振兴文教，重视农业，驱除贼寇，保境安民。

振兴文教，教化方永恒

唐朝时期的林著，在任横州刺史时振兴文教，后病死任上；宋朝时期横州知州何先觉，弭盗除奸，劝农训士，立孔子行教石于宁浦县学。林著、何先觉都作为名宦附祀于南宁文庙。元朝时期横州人甘天付，作为横州儒学，因其教化有方，促使当地社会风气大有改善；明朝时期横州人黎天禄，卸任"两淮盐运使"后返乡居住，致力于劝人为善，优化风俗，以耕读为业；明朝时期永淳人杨清，永乐癸卯乡荐任四

① ［清］汪森：《粤西诗载》卷十四，广西壮族自治区第一图书馆1981年编印，第22页。

川布政司理问，后升雅州知州，俱有政绩，退休后专门致力于教导子弟后生，硕果累累；明朝时期宣化人张翱，龙门县令，重视学校办学。甘天付、黎天禄、杨清和张翱都作为乡贤附祀于南宁文庙。

明朝时期，名宦何辅任永淳知县时，公勤抚字，兴学育才；名宦卢琛任横州判察时，兴教育，政绩卓越；名宦卢瑞任横州学正时，德足以化人，学足以淑士，人称"好先生"，郎中乐章为之传；名宦何尧中任横州知州时，兴学校修坛壝；名宦刘琯任横州学正时，持身端谨，训诲有方；名宦潘常任横州学正时，以师道自重，讲解不懈；名宦罗环任上思州知州时，改土为流，教化风俗；名宦黄琼任横州知州时，创建淮海书院，注重教育；名宦黎磐任上思州知州时，振起文风，称为循吏；名宦王济任横州判官时，摄篆视事，尽得其习俗利弊，召父老庭下集议可否而从革之，于是民知向方，盗亦潜息；名宦李景元任南宁知府时，兴办学校，惠及百姓；名宦蒋山卿任南宁知府时，兴学重农；名宦林昭任南宁府教授时，教事修举，持己接士，士心翕服；名宦卢定莆任南宁府训导时，教士随材造就，不以寒暑有所变更，士子颂其学之富教之勤；名宦吴子坚任宜化教谕时，治学严谨；名宦詹世龙任上思州知州时，兴学恤民，百姓祀之；名宦钟大咸知横州时，宽仁律己，兴学爱民；名宦张集义任横州州判时，重视文教，淡泊名利；名宦童时明任永淳县知县时，修缮学校，后著有《三吴水利便览》；名宦黄元骥任广西按察使时，建学堂，免远役；名宦王如辰提督广西学政佥事时，谕诸生以道德性命之理，力振兴粤西文学；名宦高雄徽任桂林教授时，重教育，修学宫，著作丰；名宦郝浴任广西巡抚时，重视文教，兴建书院；名宦郭景仪调任横州时，捐赀营建、修葺学宫；名宦凌森美任永淳县知县时，修缮孔庙，重教化，兴学校，育人才。以上名宦，均附祀于南宁文庙。

立说著述，教化可常长

不少邕州之名宦，专注于地方治理之余，仍致力于学术探索，著书立说，教化后世。名宦陆绩，三国时期任郁林太守，加偏将军，在军中不废著作，曾作《浑天图》，注《易经》，撰写《太玄经注》；名宦薛综，三国时期吴国名臣、名儒，任五官中郎将，少时避乱至交州，后出任合浦、交趾太守，著有诗赋难论数万言，集为《私载》，并著有《五宗图述》《二京解》；名宦杜正伦，唐朝时期被贬任横州刺史，不久病逝，善属文，著有文集十卷；名宦张九龄，唐朝时期任岭南按察选补使，著有《曲江集》，被誉为"岭南第一人"；名宦李翱，任邕州刺史，推行古文运动，著有《复性书》《李文公集》等；名宦柳宗元，任柳州刺史，倡导古文运动，一生留诗文作品达600余篇。这些名宦，亦均附祀于南宁文庙。

纵观历史，真正立书教化南宁的名宦，可追溯至宋朝，他们有些附祀于南宁文庙，有些虽未被附祀，但其教化精神千百年来仍铭刻在这片热土上。宋朝的秦观，被贬横州后，给邕地带来了一股清新的文风，兴起"海棠"诗文。自秦观《醉乡春·题海棠桥祝生家》之后，横州"海棠"诗文逐渐兴起。诗词方面，宋代晁无咎的《和秦少游题祝生家》，明代黄琮的《海棠祠二首》、董传策的《海棠祠》、李希说及陆汤臣的《海棠暮雨》，清代金虞的《海棠桥》、朱绍昌的《舟泊海棠桥怀秦太虚》和刘子诚的《海棠暮雨》；文章方面，宋代刘受祖的《海棠桥记》、明代吴时来的《海棠祠碑记》等，正所谓"亦是风流客，千秋忆海棠"①。

明代名宦董传策，也未被列入南宁文庙附祀中，但是他对南宁的贡献是巨大的。董传策被贬邕州后，积极致力于邕地治理，亲自创作"青山"诗文，打开了"青山"诗赋的序幕。随后，明代方瑜撰有《青山亭馆记》《登最高台同幼海诸公》和《青山词》，萧云举写有《青山记》，陈瑾写有《竹味庵前记》《青山竹味居邻玉泉铭》和《青山废寺览古》，徐浦写有《游白云精舍》《咏董泉》《董泉亭》和《题董泉》，吴时来则有《送董幼海还南宁》与《游青山》，张贯、曹学佺分别留有《简董幼海结屋青山》与《竹味山房八咏》。清代苏士俊、刘神清、释如之、潘琪、黄元骥和梁天宗分别著有《龙涎井建亭碑记》《青秀松涛》《游青秀山》《秋日游青秀山》《邕江即事》与《青秀松涛》。现存有关青秀山的作品有62首诗歌、9篇记文和1篇铭共72篇作品。

正如萧云举在《青山记》所言"山不高而秀，水不深而清"②，青山之意象犹跃纸上，而青山意象即为南宁形象。

南宁文庙自始建以来，所附祀的乡贤、名宦，其事迹一直承担着社会教化即优化社会民俗的历史重任，是地方文化的缩影，清晰地记录着南宁的文脉发展。纵观历史，这种社会教化一直沿着"社会动乱—平定暴乱—教化风俗与兴办学校"不断发展，展示、透析出南宁的历史。

礼乐教化从未间断

古代祭奠礼仪内容在文庙集中体现为释奠礼、释菜礼和释学礼。南宁文庙自始建之日起一直常年坚持释奠礼、释菜礼等祭祀典礼。

---

① 林小静等：《南宁府志》，广西人民出版社2008年版，第1720页。
② 林小静等：《南宁府志》，广西人民出版社2008年版，第1569-1570页。

释奠礼是古代学校的祭祀典礼，"凡学，春官释奠于其先师，秋、冬亦如之。凡始立学者，必释奠于先圣先师"[1]。释奠礼是祭礼中的"君师"之礼，是古代学校最庄重盛大的典礼之一，表达对先师、先圣的崇敬追思，意在尊师重教，是古代学礼制度的核心内容，是古代官方学礼的典型代表。释，置放；奠，停、置放。释奠就是陈设、呈现，即在祭奠过程，陈设音乐、舞蹈，呈现牲、酒等祭品，表达对孔子的崇敬。汉代每年春秋二季举行，隋代改为每年春夏秋冬四季仲月上丁举行，唐代定在二月初八上丁日举行，释奠礼发展到唐代最终得以定型。此后，地方府、州、县学皆沿用春秋仲月上丁日举行释奠礼。据史料记载，诸州释奠前三天开始戒斋，前两天扫除内外，前一天设位、摆好祭器。释奠当天，穿好规定的服装，博士祭服，助教儒服，学生青衿服。以刺史为首的各级官员各就各位，遵故事行礼，由祝跪读祝文，礼毕而退。学生在释奠礼过程中受到崇儒教育。

释奠礼后来在孔庙举行，并得以传承至今。释奠礼舞乐贯穿始终，所有参祭者以俯、伏、兴、平等动作表达对孔子的追忆、缅怀，使儒学的礼乐教化得以更好地实现。

释菜礼是文庙仅次于释奠礼的祭祀典礼，"释菜"又称"舍采""祭菜"，是古代入学时祭祀先圣先师、用蔬果礼敬师尊的一种礼仪，常用于始立学堂或学子入学之时，对（刚）入学的学子进行入学教育。释菜礼通常摆放四样果蔬：芹菜代表青年学子，韭菜花代表才华，红枣代表早立志，栗子代表敬畏之心。此外，还有释学礼，是古代皇帝、皇太子或指定官员到学校视察的礼仪制度。

① 龙汉宸等编著：《礼记》，燕山出版社1997年版，第151页。

现代教化活动

文庙传承华夏民族文明，是儒学文化的物化载体，不仅集瞻仰、祭祀、纪念于一体，而且积淀成为中华民族文脉之所系，具有独特的教化功能，是中国传统文化最崇高的精神象征。

南宁文庙除了每年春秋季的盛大祭祀活动外，常年对外免费开放，不仅成为南宁市全新靓丽的名片，而且成为传承和弘扬中华优秀传统文化的载体，人们可以在这里开展各种有仪式感的教化活动。春秋末年，在"天子失宫，学在四夷"[①]的氛围中，孔子"自行束脩以上，吾未尝无诲焉"[②]，开始了授徒讲学、创办私学。私学自春秋末年兴起，一直延续到中华人民共和国成立前。明清时期，全国各府、县普遍兴建文庙，为地方祭拜孔子、培养人才的场所，这就强化了对孔子的推崇及孔子在民众心目中的地位，从而强化了民间对孔子的信仰。南宁文庙自建成以来就是学校和社会举行各种仪式感教化活动的主要、重要场所，发挥着教化作用。

① 杨伯峻：《春秋左传注》，中华书局1990年版，第1389页。
② 程树德：《论语集释》，中华书局1990年版，第445页。

祭孔典礼

"礼莫重于祭，今天下庙学丁祭，其尤重者也。"[①]南宁文庙最盛大的祭祀活动是秋季孔子诞辰祭祀大典及春季春节祭孔典礼。祭孔是华夏民族在文庙举行的尊崇、怀念至圣先师孔子的隆重祭祀典礼，可追溯到公元前478年。那是孔子逝世的第二年，鲁哀公立庙旧宅[②]，把孔子故居辟为寿堂祭祀孔子，于是第一座孔庙就由此诞生。公元前195年，汉高帝刘邦到曲阜以隆重的"太牢"礼仪（牛、羊、猪三牲各一）祭祀孔子，此乃帝王祭祀孔子之开端。汉武帝接受董仲舒"罢黜百家，独尊儒术"的建议之后，文庙成为封建朝廷祭祀孔子的礼制庙宇。739年，唐玄宗封孔子为"文宣王"后，祭孔制度不断升格；宋代后祭孔制度继续上升；明朝达到帝王规格；清代祭孔达到了顶峰。祭祀大典在古时是国之大典，礼器、乐器、乐章、舞谱等由皇帝钦定颁行。随着孔子地位的不断褒赠加封，祭孔大典逐渐发展成为中国历代帝王在文庙祭祀孔子层级最高、规模最盛大的庙堂祭祀乐舞，亦称"大成乐舞"。从公元前478年起至今，祭孔典礼已经传承了2500多年，时间都固定在每年的孔子诞辰日，地点在文庙，形式也由皇家主持的国家祭祀大典逐渐演变成为孔子后裔、民众参加的祭祀典礼。民国时亦是全国祭孔，但其程序、礼仪较古时候变动较大。1986年，时隔半个世纪，祭孔大典在曲阜重现。2006年5月20日，祭孔大典被国务院批准列入第一批国家级非物质文化遗产名录。

祭孔大典经过历史的积淀，形式不断创新发展，但都保留了乐、歌、舞、礼四位一体的祭祀盛典。祭祀必须由主祀司主持，分启户、迎神、初献、亚献、终献、彻馔和送神等

① 蓝钟瑞等：《文庙丁祭谱》，山东友谊书社1989年版，第13页。
② ［汉］司马迁：《史记》，中华书局1982年版，第1945页。

程序。

南宁文庙孔子诞辰大典及春节祭孔典礼采用传统仪式，大典古典古色，恢宏大气，是集乐、歌、舞、礼为一体的庙堂祭祀乐舞。乐是大典中必不可少的重要组成部分，《周礼·春官》中把乐器分为金、石、土、革、丝、木、匏、竹八类，"金多失之重，石多失之轻，丝失之细，竹失之高，匏失之长，土失之下，革失之洪，木失之短"[①]。乐有八音，均各有立意，以喻达四时之气，宜四方之风，正所谓"八音克谐，无相夺伦，神人以和"[②]。身着淡绿色明朝古装的乐生，以笙、笛、排箫、篪、瑟、祝、敔等，配合现代技术，左右微摆，吹奏出低沉、深厚、悠扬之乐韵。乐之起兮，翩翩而舞。身穿红色袍服的舞者，展开双臂，仰天而拜。这就是祭孔的六佾舞，献舞者称为佾生。悠然起舞时，佾生右手执翟（一根带有翎毛的长条），左手执籥（管乐器），将翟与籥成十字交叉于胸前，籥在内，使平和顺畅之音乐和歌声保持于内在意境，主意在于修善心；翟在外，通过舞蹈将精英华彩表露出来，主意在于规范人的行为。通过翟与籥交辉相应，或与灵活的脚步共同体现一种氛围，敬仰之情流溢于外，最终立恭敬之实德，成温润之气象。因此，祭祀乐舞有"闻乐知德，观舞澄心，识礼明仁，礼正乐垂，中和位育"之谓，具有巨大的文化和艺术价值。

南宁文庙孔子诞辰祭祀大典及春节祭孔典礼的主要特色流程为：一、启户。随着司仪高唱"启户"声，南宁文庙状元门——两扇朱漆金色大门徐徐打开，伴随着锣鼓喧天，佩戴黄色祭巾的参祭人员在身着汉服的司仪、礼生指令引领下，步入文庙。"子曰：学而时习之，不亦说乎？有朋自远方来，不亦乐乎……"站立在状元门两侧的200名中小学生吟诵

---

① ［宋］陈旸：《乐书》卷十九，文渊阁四库全书第211册，第123页。

② ［清］阮元校刻：《十三经注疏·尚书正义》卷3《舜典》。

起《论语》名篇，在厚重雄浑的锣鼓声的衬托下，稚嫩清脆的诵读声让所有人顿生庄严肃穆而又侵染文化的敬畏感。祭祀队伍在司仪、礼生的指令引领下，走上状元桥，穿过大成门，步入大成殿广场指定位置肃穆站立。随着"南宁文庙祭孔大典开始"，在大气中正的雅乐声、司仪庄重响亮的唱诗声中，大成殿前的拜台两旁36名身着古装，手持翎与箭的舞生跳起优雅的六佾舞，身着壮族特色服饰的武士举着幡旗围站在广场两边，场面非常庄严肃穆。二、献馔。身着壮族服饰的壮汉将三牲、五谷、瓜果从大成殿外抬上祭台。司仪吟唱"乾坤不老，日月无殇；泱泱华夏，屹立东方。邕城文化，源远流长；科学发展，古邑重光"。在庄重典雅的古乐声中，政界、儒学界、孔子后裔、东盟各国驻南宁领事馆的代表及首府各界人士，按次序向先师孔子像敬献花篮。随后相关领导宣读祭文，祭文一般描述南宁文庙之优美景色，南宁近期新取得的种种荣誉，南宁尊崇孔子以及传承发扬中华优秀传统文化之决心。最后，众人再次整理衣冠，全体向大成殿肃立，向至圣先师孔子像行鞠躬礼。

元旦新年祈福会

南宁文庙春季除了举办春节祭孔典礼之外，还举办元旦新年祈福会。活动内容包括告天祈福仪式、迎请百家米、读书起礼、朱砂启智、击鼓明志、拍全家福、系挂祈福带、食祈福粥、新年家居空间美学指导等。市民可以欣赏及体验礼乐、茶道、射箭等系列精彩节目。参加活动的老师、学生和家长们列队走进大成殿，由老师们为学生点朱砂开智慧，众人击鼓明志，并来到崇圣祠左右两侧，在许愿树上系挂新年的祈福带，许下最美好的祝愿，让学生们在活动中亲身感受、体验尊敬师长的中国传统文化。这些活动对年轻人有激励作用，帮助他们树立正确的观念，筑梦前行。除了固定的祭孔、礼乐、太极拳表演外，还结合不同的节气、节日，开展不同的主题活动，内容包括传统礼仪、诗书礼乐、文化创意、国学讲座等。通过举办固定的系列活动，在全社会营造"仁、义、礼、智、信"的优良风尚，把中华优秀传统文化宣传教育融入当代社会主义核心价值观教育体系中，形成南宁市常态化的文化新品牌。

中秋拜月大典

南宁文庙秋季除举办孔子诞辰祭祀大典之外，还举办中秋拜月大典，内容包括拜月大典、"烧番塔"两个重要环节。拜月大典还原了周朝以来的祭月习俗，展示一整套中秋祭月文化礼仪，"烧番塔"则是南宁特色中秋传统习俗。祭月文化礼仪包括启户、献祭、祭月、散胙等环节，参与人员依古礼着汉服，一般由100名女孩及50对亲子家庭组成的礼队，以棂星门广场为起点，按规制经状元桥、大成门、大成殿广场入场，在通赞的吟诵中诵读祝文、行拜月礼等，祈祷来年风调雨顺、五谷丰登。在散胙环节中，作为祭月神的供品，一个重达几百斤的大月饼供市民快乐分食。

在南宁传统中秋活动"烧番塔"中，番塔一般用砖头或瓦片砌成，围叠而上，塔身逐渐收小，然后封顶而成。参与拜月大典的市民可以共同用柴火把番塔点燃，当番塔点燃后在番塔前许下家庭永乐、平安幸福的愿望并将小捆柴火投入番塔中，火势越旺，代表来年越吉祥安康，寓意来年丰收、兴旺发达的美好祝福。这些活动加强了传统习俗及文化氛围的营造，突出传承性、地方性和仪式感。

开笔礼

南宁自宋朝起就建有文庙，说明南宁人民很早就尊孔崇文。事实上，南宁人"开蒙"习俗一直延绵。在1982年旧南宁文庙拆除之前，不少南宁市民每年都会在孩子入学之前，在天刚蒙蒙亮之际带孩子到南宁文庙祭拜，民间称之为"开蒙"或"破蒙"。如今的开笔礼，场面十分隆重、庄重。

开笔，亦称破蒙。开笔礼源于春秋孔子时期，逐渐发展为文庙的一种传统仪式，既是庆贺读书人人生跃入学习本领、学会做人的新阶段的良好心理暗示，也是为人父母对子女成人成才的期望表达。因此，家长、学校可以在孩子入学之际择好日子，为学童举行入学开笔礼。

其仪式流程为：

一、迎礼。迎礼，意在让学童在礼生、老师的指导下，学会静候仪式开始，保持现场的庄严肃穆。

二、告天。随着司仪诵吟"令月吉日，垂髫童子，来我孔庙，开笔执礼，奉师启蒙，大哉孔子，永绥永祚。启户！"状元门徐徐打开，礼生高举状元笔引领学童穿过棂星门。讲解员讲解："你们即将走过棂星门，棂星为天上的天田星、文曲星，棂星门直通天庭，走过棂星门时，将得到棂星的照耀与庇护，从此文运永昌。棂星门下许下你们的学业梦想，来日必将金榜题名。"接着，礼生高举状元笔继续引领学童登阶而上，来到状元门前。讲解员诵念："你们来到了状元门，状元门为孔庙万仞宫墙的正门，按礼制仅有当年新科状元或皇

南宁文庙之开笔礼

帝御驾方可通过此门，今日你们通过状元门，来日必成状元之才。"学童走过状元门后，状元桥前，司仪吟唱："赍笔入泮！"学童紧接着登阶步上状元桥。讲解员诵念："泮池之上，状元桥，过桥游泮，学童们要立志高中状元。泮桥望，半圆池水，学童要谨记：学无止境，永不自满。"学童来到状元桥上青云石前，司仪唱："平步青云。"讲解员讲解："状元桥上青云石，平步青云正当时。"走过青云石，学童来到大成门前。

三、入庙。讲解员讲解："大家来到了大成门，'大成'二字来自孟子对孔子的敬仰之辞。孟子曰，孔子之谓集大成，是说孔子是集合历代先贤的智慧、学说于一身而大有所成的大圣人。大成门又称仪门，礼仪之门，是通向孔庙大成殿的正门，同学们必须在大成门前，整理衣冠，净手入庙，以示虔诚庄敬。"司仪唱："整理衣冠！"讲解员接着讲解："童蒙之学，始于衣冠：先正衣冠，再明事理，冠必正，纽必结，袜与履，俱紧切。"学童整理各自衣冠。司仪唱："净手入庙！"

讲解员接着讲解："孔庙已备好铜盆和毛巾，盆中是浸有葱秆、竹节的清水，寓意学子聪慧、节节高。学生平展双手，手心、手背先后各贴水面一次，各贴毛巾一次，是为净手。净手是由大成门入庙拜祭孔子的隆重礼仪，发肤康洁，以示虔诚庄敬。"净手后，学童依次跨入大成门，列队站立。司仪唱："行入庙礼！鞠躬！"学童鞠躬后，礼生请状元笔上案台，学童走进大成殿前广场，在各自对应座位前站立。

四、学子三献。司仪唱："学子三献。"讲解员讲解："学子三献者，一为献香，二为献花，三为献果，是孔庙主殿大成殿前奉祀至圣先师孔子的简礼，今日学子，赍捧高香、花篮和水果，敬献孔子。"司仪唱："祗命有司，诣庙致祭，惟圣英灵，来歆来格，尚飨！"司仪唱："献香！"手持高香的三名参礼代表，排成一行，在礼生的引领下一同登拜台上香，一拜。司仪唱："献花！"手捧花篮的两名参礼代表，在礼生的引领下登上拜台，将花篮供置于案台上，一拜。司仪唱："献果！"手捧果篮的两名参礼代表，在礼生的引领下登上拜台，将果篮供置于案台上，一拜。

五、三拜礼。司仪唱："行三拜礼！"司仪接着唱："先师孔子，博学知礼。是我学童，立身楷模。向先师孔子行礼！一鞠躬，亲师信道；再鞠躬，尊师奉教；三鞠躬，敬师效行。礼毕，学童入座！"

六、茶敬亲师。司仪唱："茶敬亲师！请老师上座，学子代表上前敬茶。"司仪接着唱："启蒙老师，诲人不倦。教我成才，如父似母。向老师敬茶！"讲解员讲解道："学子们，告诉老师，我一定谨遵教诲，好好学习，来日成栋梁之材。"学子代表敬茶，后归位。司仪唱："茶敬双亲！请父母上坐，学子上前敬茶。"司仪接着唱："父母双亲，赐我骨肉，育我成长，恩深似海。向父母敬茶！"讲解员讲解道："学子们，告诉父母，我们已经不是襁褓中的婴儿了，我们要脱离怀抱，跟随老师，去广阔天地大展宏图。"学子依次敬茶，罢后归位。

七、朱砂启智，击鼓明志。司仪唱："朱砂启智！击鼓明志！"学童列队登上拜台，走进大成殿，每三人一批，依次跪在垫子上，由文庙代表、教师代表为学童点朱砂。讲解员讲解道："点朱砂，开天眼，期望学童从此眼明心亮。好读书、爱学习；爱读书、正品行；读书好、有成就。"点罢朱砂之学童，行至大鼓前，敲击大鼓。讲解员讲解："敲击时心里默想自己的理想和志向，以后勤奋努力学习，志存高远。"击罢鼓，学子绕行大成殿内一圈，然后归位。

八、启蒙描红。司仪唱："启蒙描红！"老师示范写"人"字。老师解说："这个'人'字，一撇一捺紧紧相连，多想在座的你和我，大家相互依靠，彼此支持，才能立足站稳。我们在世为人，无论在家庭、在社会，都要为他人着想。只有人与人互相理解，互相支持，互相帮助，才能成就事业，和睦家庭，构成和谐社会。"老师接着讲解书写姿势："坐姿——头正、身直、臂开、足安；握姿——笔直、指实、掌竖。"然后学童毛笔描字。老师走进学童中，指导学童开笔。描字后，学童高举描字作品展示。司仪唱："诵《弟子规》！"老师领读，学子跟读。

九、颁证。司仪唱："学童启蒙，描'人'字正，诵经腔圆，孺子可教，授予证书，以资鼓励，颁证！"司仪接着唱："兹有学童，×××、×××……，在南宁文庙行开笔之礼，愿承孔子遗风，博学之，审问之，慎思之，明辨之，笃行之。颁——证——"被点名的学童上拜台，面向大成门站立。主礼、证礼上拜台，颁证并合影。颁证完毕，司仪唱：

"南宁文庙开笔礼圆满结束！"[1]南宁文庙的开笔礼，安排在每年的7—9月份举办。

成童礼

成童礼是儿童步入少年之礼，意在告别童年，感恩立志，明心性，笃道德，以告四方，以孝父母，以行正道，以报国家。古时候，农历的二月初二、八月初二，儿童们穿新衣服，行拱手礼、叩首礼、交手礼，谢师恩、敬长辈、立长志。南宁文庙的成童礼程序与开笔礼有很多相似之处。成童礼在迎礼、告天、入庙、三献、三拜五个类似的流程上，增加了聆训环节，在十五岁的学子向父母敬茶之后，聆听父母约一分钟的教诲，意在让学子效仿学习孔子"十有五而志于学"。此外增加了宣誓环节，学子宣誓："子曰，智者乐水，仁者乐山。今日邕江青山为证，证吾立智仁双全之志！吾十有五而志于学，恰同学少年，意气风发，誓牢记亲师之教导鞭策，'弟子入则孝，出则悌，谨而信，泛爱众而亲仁。行有余力，则以学文'。弘毅以富贵不移，任重道远以百折不挠。将来治国平天下，全靠吾辈！"描红环节也针对十五岁的少年，执笔描写"孝""家""国"。《诗经小雅·蓼莪》有云："父兮生我，母兮鞠我，抚我畜我，长我育我，顾我复我，出入腹我。"因而成童礼以百善孝为先之理念，引领学子永怀感恩父母之情，立志修身、齐家、治国、平天下。

南宁文庙的成童礼，穿插在全年各个月份的其他活动之间。

① 南宁文庙博物馆编：《南宁文庙》，广西人民出版社2014年版，第118-123页。

南宁文庙之成人礼

成人礼

成人礼，亦称冠礼，是古代男子二十岁所举行的加冠礼。成人礼可溯至西周。《礼记·昏义》云："夫礼始于冠，本于昏。"礼仪中所叙述的在阼阶上进行的加冠礼，意义在于表明父子世代相传，即"以著代也"。"己冠而字之，成人之道也。"男子二十加冠，女子十六及笄。在中华传统文化中，冠礼为众礼之始，具有"人之所以成人"的礼义。"成人礼"是人生的重要分水岭。跨过这道分水岭，不仅意味着拥有更多的权利，更意味着要有更独立的胆略，要承担更大的责任。"成人礼"增加了仪式感，使人刻骨铭心。故成人礼既是一种重要的教育形式，也是儿童成长的一道门槛，蕴含着阶段性的成长目标需要努力奋斗的意涵。"长不大的孩子""啃老"一族、"巨婴"心理，是当今时代的社会病。也许成人礼的作用非常有限，但其对于增强学子的"成人意识"，促进其以成人标准进行自律、他律，提高其独立精神、自立意识和能力，都是有积极意义的。

南宁文庙的成人礼在开笔礼、成童礼的迎宾礼、入庙礼、三献礼、三拜礼的基础上，增加三加礼，即分别三次为学子加冠、笄，男孩加冠，女孩加笄。初加，学子东跪，家长面西给男子加福巾，为女子加笄；学子跪拜父母，感恩父母养育之情，寓意告别稚嫩，实现生理成熟。再加，家长给男子加淄撮，为女子加发簪，意为告诫学子告别思想蒙昧，走向思想成熟意识独立；学子向老师跪拜，以示永远感念师恩。三加，家长给男子加帽子，为女子加发钗，告诫学子其已步入公民行列，成家中之顶梁柱，为国家之新青年，人类社会之建设者；学子跪拜孔子，以示秉承先师之志，继续立志修身、齐家、治国、平天下。与成童礼父母的一分钟聆训不同，成人礼中的父母聆训长达两分钟，且此次长时间的聆训之后父母即离场，以示相信学子开始成人。南宁文庙成人礼还增加了行醮礼环节，因为行醮礼是成人的标志之一，亦是学子以成人身份首次行礼，在奏乐中男子献醮、女子献醴。随后以寄语、宣誓、击鼓和颁证等环节紧跟其后，结束流程。

正所谓，青山下，邕江滨，巍峨黉宫，莘莘学子，尊礼冠笄，仪节典范，成人义理。南宁文庙的成年礼安排在每年的4—6月举办。

拜师礼

南宁文庙的拜师礼，在开笔礼、成童礼的迎宾礼、入庙礼、三献礼的基础上，重点突出拜师环节。因为古代学者练习《诗经·小雅》中的《鹿鸣》《四牡》《皇皇者华》，以便在开学时，劝勉学生以莅官事上之道，所以南宁文庙参礼者在完成迎礼、告天、入庙、游泮、净手、三献之后，以师生齐声诵读《皇皇者华》作为宵雅肆三环节的重点内容："皇皇者华，于彼原隰。駪駪征夫，每怀靡及。我马维驹，六辔如濡。载驰载驱，周爰咨诹。我马维骐，六辔如丝。载驰载驱，周爰咨谋。我马维骆，六辔沃若。载驰载驱，周爰咨度。我马维骃，六辔既均。载驰载驱，周爰咨询。"随后与开笔礼、成人礼一样，学子向孔子行三拜礼，之后参礼者由右转身，按礼生引导走向大成殿后门，出大成殿后门从右边走进明伦堂，学生分排站立，老师站立在正前中央，等待司仪引导拜师。第一，迎师。老师上座明伦堂中间椅子，师兄就座于老师左侧椅子。随后，学生移步至老师右侧，与师兄队伍面对面站立，整个队伍呈八字体形状。第二，呈帖。在司仪、讲解员的指令引导下，学生逐一迈步至老师正面，诵读拜师字帖：×××先生大鉴，弟子×××，久慕先生风范，

南宁文庙之拜师礼

求为受业弟子，今承蒙先生允纳门下，愿执弟子之礼，诚心投恩师门下为徒。谨遵师教，团结同道，刻苦钻研，传承恩师德才，弘扬礼仪文化——诚具名帖，恭行拜师大礼！第三，回帖。老师逐一回帖：×××，尔心至诚，今收为徒。师者，传道授业解惑也。为师必正心诚意，恭行师道，传授礼仪。望汝潜心尽力，遵古典，奉先贤，以修身为本。求善性，怀大志，弘扬礼德，止于至善——躬身。第四，奉呈学礼。学生向老师呈学金、束脩和资粮。第五，礼呈戒尺。学生在司仪、讲解员指令引导下，给老师呈递戒尺，寓意听从老师之教诲。第六，拜师。学生排队站在跪垫前，随司仪指示，下跪，行九叩首。第七，呈茶敬师。学生依次向老师、师母、师兄敬茶。第八，回礼。老师将《论语》、葱、芹菜等作为礼物，回赠学生，葱代表聪慧明智，芹与勤同音，代表勤奋好学。第九，读经。老师带领学生齐诵《大学》首章，寓意承担传道授业解惑之责："大学之道，在明明德，在亲民，在止于至善。知止而后有定，定而后能静，静而后能安，安而后能虑，虑而后能得。物有本末，事有终始，知所先后，则近道矣。古之欲明明德于天下者，先治其国；欲治其国者，先齐其家；欲齐其家者，先修其身；欲修其身者，先正其心；欲正其心者，先诚其意；欲诚其意者，先致其知；致知在格物。物格而后知至；知至而后意诚；意诚而后心正；心正而后身修，身修而后家齐，家齐而后国治，国治而后天下平。自天子以至于庶人，壹是皆以修身为本。其本乱而末治者否矣，其所厚者薄，而其所薄者厚，未之有也！"随后，贵宾致辞；最后，颁证。南宁文庙的拜师礼，安排在每年的1—3月。

结婚礼

结婚礼，简称婚礼。《礼记·昏义》曰："昏礼者，将合二姓之好，上以事宗庙，而下以继后世也，故君子重之。"古之婚礼需经"纳彩、问名、纳吉、纳徵、请期和亲迎"的礼仪过程，旨在表明婚礼为恭敬、谨慎及尊重的正礼。儒家认为，唯有对婚礼恭敬、谨慎及尊重，才能有夫妇之间的相互尊重与亲爱；夫妇相互亲爱，才能建立夫妇之间的道义。正所谓："夫妇有义，而后父子有亲；父子有亲，而后君臣有正。"这样，有利于建立一个和谐有序、家人相互亲爱、君良臣忠的社会体系。因此，"昏礼者，礼之本也"。

南宁文庙的结婚礼在迎宾、入庙、三献和三拜礼流程上与开笔礼、成童礼、拜师礼高度相似，重点突出行正婚礼。第一，沃对席礼。在主持人、主礼的指令引领下，赞者宣读新婚赞词："惟天地以辟万物，滋养于斯，日受其精，月润其华，人以婚姻定其礼。三牢而食，合卺共饮，自礼行时连理成，比翼具。虽万难千险，而誓与共患，纵病苦荣华，而誓不与弃！天地长久，为尔佳缘，特为赞颂！"第二，同牢合卺礼。新郎新娘交换而饮瓠瓜酒，寓意夫妻两人合二为一，同甘共苦，患难与共。第三，解缨结发礼。新郎亲手解下新娘头上的红缨，主持人将新郎新娘头发剪下梳结在一起，放入香囊，寓意"结发"，从此成为结发夫妻。第四，执手礼。在主礼吟唱"长夜未央，庭燎之光。言念君子，玄衣缥裳。彼美孟姜，鸾声将将。颜如舜华，宛如清扬。执子之手，与子偕老。天长地久，为尔佳缘"的祝福之下，新郎新娘举手、闭目行"执手礼"，寓意白头偕老，执手今生。第五，拜高堂礼。新郎新娘拜谢长辈父母养育教导，对先师孔子行三拜之礼。南宁文庙的结婚礼，穿插在全年各个月份的其他活动之间。

敬老礼

南宁文庙的敬老礼，在迎礼、告天、入庙等流程之后，在大成殿前广场，凭以下几个流程，凸显敬老主题。

第一，在大成殿前广场，众人在司仪的指令引导下，向先师孔子及中华先贤长者行礼，一拜孝老敬事，再拜尊老谨行，三拜爱老恭奉。

第二，敬老倡议。

南宁文庙代表致辞：

> 华夏古国，乃人类历史上礼仪之邦。礼仪，是一个文明系统，是从行礼开始而生成的文明社会。人们相见，有礼仪动作，有礼仪语言。由此开端，节日礼仪、人生大礼、职业礼仪、交往礼仪、国之祭祀、授职大礼，循序而出，则礼仪之人生，礼仪之家出，礼仪之邦成，社会人心大治。

> 人行礼仪而敬心生，敬心生而严肃认真，严肃认真而人格出，一丝不苟而国民性成。国风民俗，皆敬事敬业，规范认真，诚信努力。造物求精良，行事求善美。广西首善之区由此始，由此成。

> 子曰："不知礼，无以立。"立人、立家、立国，舍兴礼而何？新时代之礼仪，温故知新，因革损益。礼双向对等，有序有位。礼与乐谐，合敬和之道。礼乐皆出，则新时代确立。

> 南宁文庙，乃南宁历代的教化中心。教育用学经典，教化行礼仪，此乃祖先之千年智慧。今中华庶且富矣，子

曰"教之"。故孔庙举办敬老礼，于社会提倡敬老之道。将欲由此，示范年节礼仪，扩大于礼仪、礼乐系统，成一代国风。新时代在呼唤文化，文化在寻找教化。孔庙愿承担此任，探索和实践礼乐教化。以顺天时，以应地利，以从人心。此告。[①]

第三，邀请专人宣读《敬老倡议书》：

中华文明的价值观是礼仪价值，双向对等，有序有位，敬人受敬。礼，一施一报。父母施我以慈爱，我报父母以孝敬，此理天经地义。

孝之义有三层，一是"把自己的事情做好，让父母放心"，二是"养父母敬父母"，三是"为国家民族做贡献"。做到了第一层，就达到了孝。

过去我们经济能力有限，父母慈爱儿女竭尽全力。儿女有心，却无力相报。唯有做好自己事情，让父母放心。今家家衣食不愁，为表孝心，很多家庭已经把"孝之义"提高到"敬"。敬老礼，就在这个时候，适时恢复起来。

敬老既是中华民族的传统美德，也是现代社会必需的风尚。九九重阳节，有长久长寿的含义。我国把每年的农历九月九日定为老人节，使之成为尊老、敬老、爱老、助老的老年人的节日。

孝敬父母有大节，举行敬老礼。孝敬父母有小节、细节，常电话问问，常回家走走，常回家看看。父母生我，何其辛苦；父母养我，何其劬劳。我敬父母，行大礼仪。敬老，是家庭文化，是家庭教育，是国民品质。一个敬老礼，教育三代人。

南宁乃广西首府，广西民风由此生，民德归厚由此始，"首善之区"由此建。吾辈居此，特倡行敬老慈幼

---

① 南宁文庙博物馆编：《南宁文庙》，广西人民出版社2014年版，第133页。

之道，行重阳敬老之礼。倡议于上，愿能者从之。①

第四，行社会敬老礼、家庭敬老礼。在讲解员、司仪的指令引领下，全体人员向入座老人行三拜礼，老人还礼之后，行授杖礼。社会敬老礼之后，各组重孝家庭子辈、孙辈侍奉老人安座，在讲解员、司仪指令引领下行三拜礼，一拜祝愿老人福如东海，二拜祝愿老人寿比南山，三拜祝愿老人颐养天年，随后敬茶、敬献寿桃，为老人梳头、揉肩、捶膝。最后，参礼人员合唱、表演（孙辈）《跪羊图》。南宁文庙的敬老礼安排在每年的10—11月举行。

中高考誓师动员大会

南宁文庙中高考誓师动员大会是南宁市各初、高中师生每年排队进行的又一盛典，其不仅具有纪念先哲、称扬文明的功用，更能利用文庙丰富的历史德育资源发挥文化的育人效应，让考生激发更高的学习斗志投入中高考备考。在告天、入庙、游泮、净手、习礼、献礼之中习得相关传统礼仪之后，凸显"拜礼"与"誓师"。"拜礼"分为三拜，一为亲师信道，二为尊师奉教，三为敬师效行；拜礼之后参礼人员齐诵《论语》，以示遵从先师孔子之教诲。"誓师"由校长（领导）、家长激励和师生宣誓组成。最后学生击鼓明志、放飞梦想。南宁文庙的誓师大会，穿插在全年各个月份的其他活动之间。

周末，南宁文庙还举办有诵经典、听故事（讲座）或地方戏曲表演等活动，人们可以欣赏到具有广西、南宁地方特色的传统剧目桂剧、粤剧和邕剧的表演，欣赏到具有广西、南宁本土特色的非物质文化遗产项目广西八音、壮族天琴、

① 南宁文庙博物馆编：《南宁文庙》，广西人民出版社2014年版，第133-134页。

马山会鼓等的表演。

现在，南宁文庙的春季春节祭孔典礼和秋季孔子诞辰祭祀大典已经得到了进一步的拓展，逐步拓展为新春文化庙会和孔子文化节，并以此为龙头带动全年的其他传统文化礼仪活动。加之辅以其他非物质文化遗产表演、国学讲堂等一系列活动，其新时代"馆庙合一"功能进一步得到彰显。

"移风易俗莫善于乐，安上治民莫善于礼。"[①]儒家为礼仪制度赋予道德准则、行为规范，礼仪中浸透着儒家所大力倡导的修身、齐家、治国、平天下的政治纲纪。

---

① ［清］阮元校刻：《十三经注疏·孝经注疏》卷第十二《广要道》。

　　形成广西地区文化发展乃至教化的不平衡状态的主要原因是历朝对广西的统御仅仅是开拓疆土，因此只有南北大通道所经的桂东得到开发，远离大通道的桂西很少得到重视。从宋到清，广西首府均设在桂林。近代以来，南宁才开始逐渐成为本地区的政治中心，并且不断扩大对周边的影响力。1912年至1936年，首府曾迁到南宁，20多年后，又迁回桂林。

　　1958年3月5日，广西僮族自治区第一届人民代表大会第一次会议在南宁召开，广西僮族自治区正式成立。至此，南宁成为广西僮族自治区的首府。壮族占50%以上的南宁从此不仅成为广西的政治中心，而且逐渐成为广西经济、文化、交通中心。如今，南宁已经成为广西第一大城市，北部湾经济区核心城市，中国—东盟博览会永久举办地。

促进壮汉优秀传统文化之凝固

广西地处岭南，与中原地区隔着巍峨的南岭。这种由自然条件所形成的交通不便，造成了中原文化对广西的影响有一定的时间差，形成了少数民族与汉民族文化共生地带。这一共生地带由桂东向桂西过渡，程度不断加强。南宁地处桂西地区，共生的表征尤其突出。南宁地位的提升需要更深厚的中华优秀传统文化的积淀。南宁虽然历史悠久，但由于地处边陲，中华优秀传统文化的积淀仍不够深厚，加之其成为地区中心城市的历史不长，因此需要积淀更深厚的中华优秀传统文化。曾子曰："慎终追远，民德归厚矣。"因此，坚持中华优秀传统文化的积淀，最根本的方面在于人民群众，更多地表现为民俗的优化。这将为南宁文庙的发展提供更加广阔的空间，培育民风正、人心正的民俗。如今的南宁，工业化、信息化发展迅猛，社会高度发展，但也有一些地方确实还残留着陋习。

据广西第七次全国人口普查公布的数据（2020年），全自治区常住人口中，汉族人123131.88万人，占62.48%；各少数民族人口为1880.82万人，占37.52%，其中壮族人口为1572.20万人，占31.36%。广西地形复杂，分为桂中盆地、右江盆地、南宁盆地、郁江平原、浔江平原等。这些被山脉分割出来的地块，自是百里不同风，光是流行的本地语言、方言就有多种。壮族人讲壮语，东北部汉族人通行桂柳官话，桂林还有人使用湘语，东南临近广东，粤语当家，客家话也是重要语言，此外，还有广西平话。语言的迥异势必形成内部巨大的文化差异，如红水河流域壮瑶民族语言文化区、西江流域粤语汉族文化区、漓江流域西南官话文化区、北部湾粤语海洋文化区和壮语与粤语、壮族与汉族的交汇地区。南宁处在壮语与粤语、壮族与汉族的交汇区，其文化是壮汉文化的交融体，即壮文化中蕴涵很多汉文化的因子，同时汉文化中也具有不少壮文化的特色。汉文化在南宁的传播，使得壮汉两种文化长期碰撞，且在碰撞中产生共鸣，使得壮族知识分子对汉文化产生思慕与敬仰。

因此，南宁文庙应该着眼于其所在的"壮乡"现实，展望未来，用儒学文化等中华智慧来创建适合当今社会的礼仪价值的新体系，推动南宁社会的发展。面对汉族及其他少数民族日益深度融合的文化，面对南宁城市快速发展而形成的新文化，南宁文庙必须立足于壮乡这一片沃土，以更加有效的方式，以优秀的儒学文化涵化这片土地的人民，加强民族团结，巩固边防安宁，为中华民族的伟大复兴做出应有的更大贡献。

"文化概念提供的宏观整合性视野是文、史、哲、政、经、法等所有学科都没有也都需要的"[1]，文化的价值、文化的根源是一个人立人之本，一个国家立国之本，是我们的教育立教之本。党的十九大报告做出了"中国特色社会主义进入新时代"的重大判断，把人民对美好生活的向往作为全党的奋斗目标。新时代就是要依靠中华民族的优秀文化价值来提升人们的幸福感，通过中华民族的优秀文化浸染来提升人们的生命品质与生活质量。

"涵化"是指两个或两个以上不同文化体系之间，由于持续接触和影响而造成的一方或双方发生的大规模文化变迁。它是人类学文化变迁理论中的一个重要概念，是一种文化从其他文化中获得对新的生活条件的适应过程，在这一过程中进行文化传递、交流和融合。文化涵化，亦译"文化摄

---

[1] 叶舒宪：《本土文化自觉与"文学""文学史"观反思——西方知识范式对中国本土的创新与误导》，载《文学评论》2008年第6期。

取"" 文化本土化"" 文化本色化",是文化人类学用语,指由于文化接触而形成的文化融合、文化交流的情况。随着全球化程度的加深,不同地域不同文化下人们之间的沟通日益频繁,彼此的文化传递、交流和融合更加提速。"在人类全球化、国际化时代,文化不会顺着走。相反会反过来走向本土化,向着本土化发展。就是说:越是经济全球化时代,文化越是全球本土化。"①因此,通过文化涵化,南宁文庙可以使儒学与南宁本土文化迅速结合,产生更加高质量的新的文化样态。

孔子是中国古代文化的象征,是中国教育史上第一个将毕生精力贡献给教育事业的人,是为世界所公认的大教育家,其思想不仅早就沁入国人血液,植入国人骨髓,而且早就传及我国近邻的亚洲各国,对后世的教育活动产生了深远的影响。中共中央办公厅、国务院办公厅印发的《关于实施中华优秀传统文化传承发展工程的意见》要求:"推动中外文化交流互鉴。加强对外文化交流合作,创新人文交流方式,丰富文化交流内容,不断提高文化交流水平。"孔子创立的儒家文化,既是中国传统文化的核心内容,也为世界文化发展做出了贡献。习近平主席在不同的国际会议上多次强调指出:"文明多样性是人类进步的不竭动力,不同文明交流互鉴是各国人民共同愿望。"中国文化与世界文化交流互鉴,既让中国人体会到中国文化的世界意义,又让世界认识世界文化中的中国文化价值。

如今,广西已经建成了"一个民族合作的自治区"②。南宁作为广西壮族自治区首府,已经成为一座历史悠久的文化古城,同时也是一个以壮族为主的多民族和睦相处的现代化城市。壮族是世代居住在本地的土著民族,这就决

① 冯骥才:《守望民间—中国民间文化遗产抢救工程》,西苑出版社2002年版,第5页。
② 周恩来:《周恩来选集》下卷,人民出版社1997年版,第257页。

定了21世纪迁建后获得新生的南宁文庙，必须立足于此，着眼未来的发展，辐射近邻，做好桥梁纽带作用。因为历史发展表明，壮族与汉族等其他民族经过2000多年的不断同化，业已亲如兄弟，同时壮族还和东南亚多个民族同源，这在对外交流合作中可以起到增进文化认同、构建命运共同体的重要枢纽作用。文庙让数千年的中华文明得以薪火相传，可以说是中华文化的活化石，使得中华民族拥有共同的文化基础，促进了中华多民族的融合发展，同时文庙对世界尤其是周边国家产生了深远的影响，为世界文明发展做出了重大贡献。随着中国国力的提升和文化自信的增强，中华优秀传统文化受到高度重视，作为了解中华文化的入口，文庙也备受瞩目。

党的十九大报告指出，没有高度的文化自信，没有文化的繁荣兴盛，就没有中华民族的伟大复兴。中共中央办公厅、国务院办公厅印发的《关于实施中华优秀传统文化传承发展工程的意见》认为："文化是民族的血脉，是人民的精神家园。文化自信是更基本、更深层、更持久的力量。中华文化独一无二的理念、智慧、气度、神韵，增添了中国人民和中华民族内心深处的自信和自豪。"历史悠久的文庙，也是建立文化自信、推进文化繁荣的不竭源泉，在这里可以把握中华文化的精髓，从根本上继承中华优秀传统文化。文庙千百年来负载着中华民族的生活理念、道德情感及美学追求，体现着中华民族的伟大创造力。文庙是中华民族厚重的文化基石，承载了中华民族最深沉的精神诉求，是维系国家统一和民族团结的最强劲的纽带。如今孔子学院遍及五大洲，有文庙的国家、地区，就更容易形成中国与这些国家、地区交往、交流的"共同语言"。文化自信源于丰厚历史及其留存下来的文化资源。文庙是一种了不起的载体，它使中华文化绵延不绝，是一座文化宝藏，是中华文化、中华文明的主要载体之一。

推进区域良好文化样态之振兴

在上下五千年的中国历史中，有太多的分分合合。宋朝时期，南宁附近的大理国就脱离了中央政府的管辖。南宁的近邻越南，特别是越南北部（古称交趾、安南），在历史的长河中，很长时间内曾经是古代中国的一部分或藩属国。其古文化，其实就是中国文化的一部分。在其国内，曾经的文庙是"中国式"的。1885年中法战争之后，越南彻底成为法国的殖民地。1917年，法国殖民者强制越南废除使用汉字，全面推行越南拼音文字。废除汉字，意味着废除了几千年来沉淀的文化。很多文献古籍，大部分越南人已经看不懂了。越南文庙中的对联，越来越多的越南本土人士不认得了。

东亚、东南亚国家历史上深受中国传统文化影响，仿效中国兴建孔庙，庙学合一，传播儒学，有的孔庙成为自己国家的礼制性庙宇，祭孔成为国家的祭奠。越南是东盟乃至亚洲现存文庙较多的国家之一。越南文庙众多，有河内国子监文庙、海阳省茅田文庙、兴安赤腾文庙、会安孔子庙、顺化文庙、义安文庙、庆和省延庆文庙、永隆文圣庙等，可见文庙、孔子和儒学在越南人民心中的地位。因此，南宁文庙应该充分运用这个优势，做好桥梁纽带作用，将儒家等中华优秀传统文化辐射到越南以及其他东盟国家，特别是在建有孔庙的国家，通过学术交流、举办活动等形式，增进中国与这些国家之间的民心、文化沟通。以南宁文庙为平台、载体，组织开展不同文明之间的沟通、讨论和对话，持续不断地将以儒学为代表的中华文明呈现在东盟国家人民面前，并在相互学习中形成更多的共识。

南宁文庙
人物考

南宁文庙突出奠基者

倾情南宁文庙的三员宣慰使

大修缮南宁文庙的五任知府

南宁文庙鼎盛时期的三贤

一代代的南宁先贤，主动作为，引领社会，以修缮文庙的实际行动彰显他们的内在德行，使儒学之教化得以不断赓续。在教化社会的同时，先贤们终成"贤贤"，在南宁文庙的发展上名垂青史。

南宁文庙
突出奠基者

南宁文庙始建于北宋时期，早期发展主要依赖于两位奠基者——谢守明和梁应龙。谢守明的主要贡献是结束了南宁文庙早期的频繁迁址，而梁应龙的主要贡献是对南宁文庙进行大修。

谢守明

谢守明（即谢明之），南宋广南西路安抚使、邕州知州，于宝庆三年（1227年）将文庙"迁于城中五花岭第一峰"[①]。南宁文庙原址在苍（仓）西门外沙市，后迁至城内，先至"城内南隅，又徙城西"[②]，直至谢守明于宝庆三年的此次迁建，南宁文庙才得以在五花岭屹立一千多年，为南宁文庙的发展奠基。

梁应龙

梁应龙，南宋人，家贫而好学，母亲将头上仅有的簪珥

[①] 嘉靖《南宁府志》卷四《学校志》，广西教育出版社2008年版。
[②] 莫炳奎纂修：《邕宁县志》，民国二十六年排印本，第860页。

摘下来，让其去换书苦读。梁应龙于南宋嘉熙二年（1238年）中进士。梁应龙在广西做官20年，移风易俗，尊老爱幼，黜奢崇俭，令人敬仰。史书记载："淳祐戊申督学使梁应龙重修，邓容有记"[①]，"经始于己酉之冬初，告成于辛亥之春季。始末三年，官舍学舍辽隔，惟先生不惮勤劳，虽寒风淫雨，必晨往暮归，如理家然"[②]，其中的"先生"指的就是梁应龙。梁应龙后任常德金判，招徒讲学，远近闻名。

① 嘉靖《南宁府志》卷四《学校志》，广西教育出版社2008年版。
② ［清］汪森：《粤西文载》卷二十五《邕州学记》，钦定四库全书本。

倾情南宁文庙的三员宣慰使

元朝时期，广西长期处于战乱状态，社会不稳定，学庙破损严重，亟待修葺。该时期三位宣慰使对南宁文庙的贡献尤为突出。

赵修己

赵修己在元至元二十三年（1286年）任职广西两江道宣慰使后，重修南宁文庙。"元赵修已尝新庙制"[1]，宣慰广西分司邕管文璧为此次重新作了《重修南宁路学记》。

文璧

文璧（1238—1298），字宋珍，号文溪，吉州庐陵（今江西吉安）人，文天祥之胞弟，南宋宝祐四年（1256年）十八岁时与文天祥同登进士礼部会试，因父病危放弃。南宋宝祐七年（1259年）二十一岁时顺利通过殿试，被赐为进士，官

---

[1] 嘉靖《南宁府志》卷四《学校志》，广西教育出版社2008年版。

至惠州知州、权户部尚书。至元十六年（1279年）"以城附粤"，献城顺元。元朝时期授少中大夫、惠州路总管兼府尹，寻改大中大夫、临江路总行管，授嘉议大夫、同知广东道宣慰使司事，改宣慰广西分司邕管等职，为官"念广民兵后疮残，凡可以救民于水火与衣冠于涂炭者，尽心焉"[1]，恪尽职守，勤政为民，政绩可观。文璧在担任宣慰广西分司邕管时，正值广西两江道宣慰使赵修己重修南宁文庙，专为此次重修作了《重修南宁路学记》，其文立意深远、辞藻华丽、音韵铿锵、内容翔实。元统三年（1335年），文璧加赠通议大夫、秘书卿上轻骑都尉，后追封雁门郡侯，谥"文惠"，有《文溪诗稿》传世。

陈谦亨

陈谦亨（1260—1317），初授怀远大将军、琼州路安抚使，授权万户府，将兵同阔里吉思平定琼州腹地有功，官至镇国上将军、参知政事、海北海南道宣慰使司都元帅。史料记载："大德七年，宣抚使陈谦亨等重建大成殿。"[2]

① ［元］刘岳申：《申斋集》卷十《广西宣慰文公（璧）墓志铭》，台北文渊阁四库全书影印本。
② 南宁文庙博物馆编：《南宁文庙》，广西人民出版社2014年版，第17页。

大修缮南宁文庙的
五任知府

明朝时期是广西文庙快速发展的时期，文庙数量创历史新高，但也呈现了"东多西少"的不均衡格局。此时期，五任南宁知府对南宁文庙的发展做出了贡献。

陈矗

陈矗于明正统十二年（1447年）对南宁文庙进行修缮。史书有载："知府陈矗恢旧，贯增新制，修殿庑、讲堂、斋舍，塑圣贤像，造乐器。"[①]此次修缮不仅扩大了原有文庙的规模，而且贯通新旧庙制，增加新制，在修建正殿、屋庑、讲堂、斋舍的同时，陈矗还塑造诸位圣贤像，制造各种相关祭祀乐器，对南宁文庙的发展做出了巨大贡献。

萧蕙、刘芳、李津

史书有载："弘治间，郡守萧蕙、刘芳、李津相继修饰，

① 嘉靖《南宁府志》卷四《学校志》，广西教育出版社2008年版。

中为大殿，两翼为东西庑，前为戟门，又前为棂星门，有宰牲房，神厨明伦堂，堂之后为敬一亭，御制碑在焉。后敬一亭改为尊经阁，左右为四斋，曰：志道、据德、依仁、游艺。门外有半月池护以石栏，障以屏墙，有箴亭、射圃、公廨。"[1]刘芳，字永锡，明朝时期广东阳江人，成化十四年进士，弘治十一年（1498年）任南宁知府，期间正直务实，肯干爱民，狠抓农业水利，开山造地，育林伐木，发展经济，励精图治，政绩突出，晚年提拔赴京。李津（生卒年不详），明朝时期广东四会人，弘治十五年（1502年）进士。正德年间，任南宁知府，修缮南宁文庙。李津为官执政，兢兢业业，奉公守法，严于律己，敢于惩戒污吏，一身正气，清正廉洁。

朱黼

朱黼（生卒年不详），明朝时期江西吉水人，任南京监察御史时就激浊扬清，风骨忠贞。嘉靖二十年（1541）任南宁知府时，大力兴学、崇尚文治，重修南宁文庙。朱黼以民为本，坚持原则，致力修正、革除弊政，深得民心，是南宁历史上有名的清官。

① 嘉靖《南宁府志》卷四《学校志》，广西教育出版社2008年版。

南宁文庙
鼎盛时期的三贤

清朝是广西文庙发展的鼎盛期，文庙数量达到了历史的顶峰，且基本纠正了前朝分布不均衡的格局，各地（特别是少数民族地区）都拥有了学庙。此时期，二位先贤对南宁文庙的发展出了力。

赵良璧

赵良璧，康熙二十二年（1683年）任南宁府知府，康熙二十三年（1684年）"知府赵良璧遵刻'万世师表'额及《先师赞》悬于庙廷"[1]，康熙二十五年（1686年）修缮南宁敷文书院。从康熙二十二年（1683）至康熙二十七年（1688年），在任职的五年内，赵良璧组织民众修筑可利江天䧲陂，灌溉3000亩良田，造福南宁百姓。

---

[1] 南宁文庙博物馆编：《南宁文庙》，广西人民出版社2014年版，第17页。

慕国典

慕国典，南宁知府，雍正二年（1724年）修缮南宁文庙正殿、左右两庑，并在左庑设立名宦祠。雍正十一年（1733年）到甘肃屯田，"专管三清湾开浚之职"，凡事亲力亲为，实地考察，深入民间，问计于民，土苋筑渠，垦成熟田两万余亩，新垦屯田二十万亩。

韦文林

韦文林，邕宁知县，1915年变卖城外三皇庙上盖及地基，得银两千元对南宁文庙全面大修，"自正殿及东西两庑，以至戟门，门外之泮池，门左右之名宦祠乡贤祠，池南之棂星门，池西之省牲所，棂星门外之璧照，左右之礼门义路，并殿后之崇圣祠殿，在墙外之明伦堂，堂前之文昌阁，俱葺而饰之"[①]。此次维修，建筑群为砖木结构，占地约六亩，以中轴线对称布局。主体建筑为大成殿，高13米，占地面积350平方米，为单檐歇山式、穿斗式木构架建筑，红墙绿色琉璃卷筒瓦，面阔5间。

① 莫炳奎纂修：《邕宁县志》，1937年排印本，第866页。

主要碑刻

重要匾额楹联

特色文物

南宁文庙的文物，是其历史发展过程中的"活化石"。除了碑刻、匾额、楹联之外，庙内还有2000多件（套）的其他文物。与这些不同的文物对话，我们能够深层次地鉴赏到它们各自不同的意象，不仅有助于我们更深刻地认识南宁文庙的独特历史价值，而且有助于我们更好地发挥文物的教化功能。

主
要
碑
刻

　　碑刻是刻在石碑上的记事文章，其记录一定历史时期内的某个或某些事件，以及与该事件相关的社会环境、民众心情等。南宁文庙的碑刻主要有四块，分别立于状元门内四个碑亭里，其中三块为复制品，分别为宋、元、明时期的遗存，另一块则记录21世纪新南宁文庙的迁建。

邕州学记

　　《邕州学记》，又名《南宁府学记》，乃宋朝邓容所撰写。碑文介绍了南宁文庙自诞生之日起迁徙及最终定位于五花岭的经过，肯定了邕州知州谢守明的贡献，尤其记录了淳祐八年（1248年）督学使梁应龙重修文庙的艰辛过程，阐述了南宁文庙经过前面的五次迁徙、最终于本次（即第六次）迁建而定址且初具规模的重大意义。修建文庙作为尊孔崇儒的标识，对于推广、传播儒学，具有极大的宣传感召作用，体现了当时地方官员兴文庙、重教化的执政理念，正如碑文

南宁文庙之碑刻《邕州学记》

南宁文庙之碑刻《重修南宁路学记》

所言"学校者，衣冠之阈，礼义之府也"①，这让儒学的传播广度得到了加强，使得邕州地区官民子弟之俊秀者，特别是壮族等少数民族子弟，以期变习归性，消除邕州居民柔懦顽桀之气而纳于仁义中正之途，从而实现孔子的"有教无类"教育思想。可见，儒学跟随着国家"大一统"的历史车轮，以儒家"以夏变夷"的思想教化邕州大地，让邕州社会逐渐接受了儒家的"恩信礼仪"。

重修南宁路学记

《重修南宁路学记》乃元朝文璧所撰写。文璧，字季万，号文溪，南宋文天祥胞弟，在崖山兵败、帝昺沉海之后以惠州降元，后入觐，授惠州路总管，改临江路，迁广东宣慰司同知，升宣慰广西。对文璧降元、改仕新朝，文天祥有言："我以忠死，仲以孝仕，季也其隐。"②（此处"仲"指文璧）文天祥理解文璧为奉养老母而入元为官，且在大都因

① ［清］汪森：《粤西文载》卷二十五《邕州学记》，钦定四库全书本。
② ［宋］刘将孙：《养吾斋集》第152册。

南宁文庙之碑刻《南宁府学科第题名碑》　　南宁文庙之碑刻《迁建南宁文庙碑记》

所与文璧见面后，有诗云："弟兄一囚一骑马，同父同母不同天""三仁生死各有意。"[1]没有责备文璧的意思，反映出儒家在忠与孝、忠与恕这样两对张力之间寻求平衡的挣扎。在《重修南宁路学记》中，文璧论述尊孔、祭孔的意义，阐述设立学校、行释奠礼的重要性，劝世遵三纲五常，展示出其渊博的文化修养和深厚的文学造诣。《重修南宁路学记》不仅意蕴深、意境美，而且吟诵起来朗朗上口，美不胜收。

南宁府学科第题名碑

《南宁府学科第题名碑》乃明朝方瑜所撰写。方瑜，歙县人，嘉靖四十至四十二年（1561—1563）任南宁知府。科第，是科举制度考选官吏后备人员时分科录取，每科按成绩排列等第。朝廷以科举取士，由乡试、会试到廷试，都有科第。获得科第题名者，皆为贤才，镌刻于石碑，意在昭示后世。方瑜作为南宁知府，其立科第题名碑之意在于，让后生

---

① 熊飞等点校：《文天祥全集》卷15，江西人民出版社1987年版。

学子在日常的读书学习与生活中，耳濡目染石碑上的名字，见贤思齐，"睹其姓名，而考其行履"①，进而"师之"或"取以为法焉"②；见不贤而内自省，"耻之"。方瑜以此激励后生学子奋发有为，以图日后功名德业"次于诸君子之后""光于天下，传于来世"③。不可谓不用心良苦。

迁建南宁文庙碑记

《迁建南宁文庙碑记》由中共南宁市委、南宁市人民政府刻立。碑文叙述了南宁文庙自始建到"址凡数易"，再到定址五花岭，以及"此后历代相因，时加修缮"④，直至"清末以来，科举废止，新学兴起，孔庙日渐荒废"⑤的发展历程。为"继往圣而继绝学，兴教化而敦风俗"⑥，另觅新址，背依青山，前临邕江，左列印台，右环文笔，三山遥对，宛如笔架。南宁文庙，惟崇圣祠以原孔庙大成殿之梁檩砖瓦构建而成，其余皆为新建；且圣哲之像，冠冕辉煌，异于昔时；礼乐之器齐备，奉祀之具皆新。阐述重修南宁文庙，意在振兴文化，保护遗产，彰显底蕴，弘扬传统，教育后人，再造盛景，增辉名城。⑦

南宁文庙的这四块主要碑刻，分别记载并阐述了南宁文庙历次重要的修缮或立碑的重要意义，警示后人为往圣继绝学，延续邕城文脉，教化后世。其历史之积淀，不可谓不深厚；其寄托之希望，不可谓不殷切。邕城文化之传承重在吸收与创造，吸收本土古老、稳定的历史与文化，创造更加辉煌灿烂的明天。

① ［清］汪森：《粤西文载》卷四十三《南宁府学科第题名碑》，钦定四库全书本。

② ［清］汪森：《粤西文载》卷四十三《南宁府学科第题名碑》，钦定四库全书本。

③ ［清］汪森：《粤西文载》卷四十三《南宁府学科第题名碑》，钦定四库全书本。

④ 南宁孔庙博物馆：《南宁孔庙》，广西人民出版社2014年版，第114页。

⑤ 南宁孔庙博物馆：《南宁孔庙》，广西人民出版社2014年版，第114页。

⑥ 南宁孔庙博物馆：《南宁孔庙》，广西人民出版社2014年版，第114页。

⑦ 南宁孔庙博物馆：《南宁孔庙》，广西人民出版社2014年版，第115页。

重要匾额
楹联

南宁文庙藏有三块御书匾额和两副重要楹联。

三块御书匾额

在文庙大成殿内御书匾额，为清朝历代皇帝之传统，南宁文庙大成殿内复制有三块清代皇帝御书的匾额：中央为康熙皇帝御书的"万世师表"，西侧是雍正皇帝御书的"生民未有"，东侧是咸丰皇帝御书的"德齐帱载"。

"万世师表"匾是清代康熙皇帝于康熙二十三年（1684年）十一月到曲阜孔庙祭孔时御赐。当时康熙皇帝在"诗礼堂"听完监生孔尚任讲完《大学》首章后，对大学士王熙等人宣谕道，"欲加赞颂，莫能名言，特书'万世师表'四字悬额殿中"，并将所带的曲柄黄盖留下，用于孔庙庙廷飨祀之用。随后，又将这块匾额内容颁发给全国各地的孔庙，刻匾恭悬，从此人们称颂孔子为"万世师表"。"万世师表"语出《论语·为政》："温故而知新，可以为师也。"士人有云：

"教之以才，导之以德，可为师矣，学而不厌，诲人不倦，堪作表焉。"又有《三国志·魏志·文帝纪》赞誉孔子："昔仲尼大圣之才，怀帝王之器，可谓命世之大圣，亿载之师表者也。"称赞孔子是值得万世千秋学习的榜样。

"生民未有"匾由雍正皇帝御笔题写，一说是在雍正三年（1725年）御赐，另一说是在雍正四年（1726年）御赐，颁定阙里孔庙及天下文庙大成殿予以悬挂，以昭示后人铭记孔子在创立儒家文化中的至尊地位。"生民未有"最早见于《诗经·大雅·生民》："厥初生民，时维姜嫄。生民如何，克禋克祀，以弗无子。"《孟子·公孙丑上》中亦记载："出乎其类，拔乎其萃，自生民以来，未有夫子也。"意思是说，自有生民以来，从来没有像孔子一样至高无上的圣贤，世上只出现了这一位圣人。

"德齐帱载"匾是咸丰皇帝于咸丰元年（1851年）御笔题书。"德齐帱载"语出《中庸》："仲尼祖述尧舜，宪章文武，上律天时，下袭水土，譬如天地之无不持载，无不覆帱。"帱，多音字，这里读"道"，覆盖的意思，言孔子之学术思想和个人品德可以经纬天地、无所不包、完美无缺。

两副重要楹联

三块清代皇帝御书匾额前面，是两副重要楹联。

第一副楹联是乾隆皇帝于乾隆三年（1738年）御书，上联为"气备四时与天地鬼神日月合其德"，下联为"教乘万世继尧舜禹汤文武作之师"。此联赞扬孔子道德崇高，堪称万世师表。"气备四时"出自《世说新语·德行》："缊季野虽不言，而四时之气亦备。"原指春夏秋冬四时之气，亦指气度弘远。"天地日月鬼神合其德"，语出《易·乾》："夫大人者，与天地合其德，与日月合其明，与四时合其序，与鬼神合其凶。"下联概括韩愈《原道》："尧以是传之舜，舜以是传之汤，汤以是传之文武周公，文、武、周公传之孔子。"联语气势恢宏，符合孔子这位"万世师表"的思想家、教育家的崇高地位与身份。

第二副楹联是雍正皇帝于雍正七年（1729年）御题，上联为"德冠生民溯地辟天咸尊首出"，下联为"道隆群圣统金声玉振共仰大成"。此联赞扬孔子之思想、道德乃开天辟地以来人类之至尊，其儒家学说完备自成体系，为古今圣贤所敬仰。"金声""玉振"出自《孟子·万章下》："孔子之谓集大成。集大成者，金声而玉振之也，金声也者，始调理也，玉振之也者，终条理也。"古代奏乐，用比较雄浑的金属乐器（主要是钟）开始乐章，而用比较悠远的石质乐器（主要是磬）来结束乐章，乐章各段也是"金以发声，玉以收韵"。因此，"金声"原意是指我国古代乐器"钟"发出的声音，"玉振"原意是指我国古代乐器"磬"发出的声音，在古代奏乐时以击"钟"为始，击"磬"为终，"金声""玉振"表示奏乐的全过程，金声玉振的原意为一首完善的乐曲孟子将孔子思想比喻为一首完美无缺的乐曲，以此象征孔子思想集古圣先贤之大成，赞颂孔子对文化的巨大贡献。在孟子看来，孔子之所以是"集大成者"，是因为他能够"金声玉振"，也就是能够善始善终。

此外，大成门两侧还有一副楹联，为雍正皇帝于雍正七年（1729年）御笔所题，上联为"先觉先知为万古伦常立极"，下联为"至诚至圣与两间功化同流"。伦，指父子、君臣、夫妇、长幼与朋友这五伦；常，指五伦分别强调的亲、义、别、序和信为不可改变的常道；立，为树立；极，乃最高准则；两间，指天地之间，即人间；功，是功业；化，为教化；同流，合流。此联赞扬孔子确立的社会永恒不变的法则和无人可超越的精神巅峰。

特色文物

南宁文庙现有牌匾、官服补子、科举试卷、古代书籍、字画、铜鼓、钱币、古家具、民族服装以及夹带等文物2000多件（套）。

牌匾

清朝光绪年间奉天诰命牌匾

牌匾为樟木，绿底、金字，长、宽、厚分别为145厘米、63厘米、4厘米。其匾心长、宽分别为121厘米和40厘米，字体为楷书，上下边框为双龙戏珠图案浮雕。

清朝乾隆年间进士牌匾

牌匾为木质，长、宽、厚分别为147厘米、52厘米、3厘米，无边框，阳文红底金字，右边是"钦命梯度广西全省学院戊岱为"，左边为"乾隆肆拾伍岁次庚子孟冬谷旦岁贡生卢佳材立"。

清朝同治年间进士牌匾

牌匾为木质，长、宽、厚分别为145厘米、58厘米、4.5厘米，无边框，阳文红底金字，右边是"兵部侍郎兼都察院右副都御使巡抚广西等处地方张为"，左边为"同治五年十二月谷旦立，增贡生李宗言"，中间为"恩"。

清朝光绪年间进士牌匾

牌匾为木质，长、宽、厚分别为186厘米、63厘米、4厘米，无边框，阳文红底金字，右边是"头×顶戴广西布政司生巡×部院张×桂为"，左边为"光绪甲午年岁次仲秋月谷旦，国学仕林×俸立"，中间缺印章。

清朝光绪年间京元牌匾

牌匾为木质，长、宽、厚分别为178厘米、48厘米、3厘米，右边题"光绪三十一年孟冬月谷旦"，左边题"太学生邓兆纲立钦命广西布政使游"。

清朝宣统年间拔元牌匾

牌匾为木质，长、宽、厚分别为126厘米、56厘米、3厘米，右边题"钦命头品顶戴陆军部侍郎广西巡抚部院张二品顶戴国史馆纂修广西提学使司李为"，左边题"宣统元年己酉科考选第一名拔贡生刘建修立"。

清朝同治年间文魁牌匾

牌匾为木质，长、宽、厚分别为170厘米、67厘米、3厘米，无边框，阳文红底金字，右边题"大主考文颖馆武英殿纂修翰林院编修孔传伦户部山东主事兼陕西司事军机行走吴顾",左边题"癸酉科中式第二十三名举人石玉桓同治元年孟春谷旦立"。

官服补子

南宁文庙收藏的官服补子均为清同治、光绪年间制品，规格近正方形，高28.5厘米，宽26.7厘米，布局匀称、针法严密、色彩丰富。

文官官服补子

文官官服补子有：光绪一品织绣文官补子、同治二品织绣文官补子、光绪三品织绣文官补子、光绪四品金银绣文官补子、光绪五品金银绣文官补子、光绪六品金银绣文官补子、同治七品织绣文官补子、同治八品织绣文官补子、光绪九品缂丝文官补子。

武官官服补子

武官官服补子有：光绪织绣武官补子、同治绣武官补子、光绪绣武官补子、光绪金绣武官补子。

科举试卷

南宁文庙收藏的是清朝康熙殿试卷，长428厘米，宽47.5厘米。应试者为庄延裕，福建泉州籍进士。

庄延裕，字素思，清朝福建晋江青阳人，康熙十八年（1779年），登己未科三甲进士，授庶吉士，编撰《十六国史》。

《孔子集语》

《孔子集语》记载："子曰：'君子不可以不学，见人不可以不饬。'不饬无貌，无貌不敬，不敬无礼，无礼不立。夫远而有光者，饬也；近而逾明者，学也。譬之如圩邪，水潦集焉，菅蒲生焉，从上观之，谁知其非源水也？"[1]强调君子通过学习才能知晓礼仪、提高德行修养，才能成人。文庙收藏《孔子集语》寓意深远，意义重大。

南宁文庙收藏有清光绪年间的《孔子集语》。此书为清朝孙星衍所撰辑，纸质、线装，一函四册，长23.9厘米，宽15.4厘米，高0.8厘米。其别致处为每册册首收有一枚清末藏书家丁海秦"墨客室"藏书票。

孙星衍（1753—1818），字伯渊，一字渊如，号季仇、微隐、芳茂山人，江苏阳湖（今江苏常州）人，清朝著名的考据学家、金石学家、训诂学家，历官山东兖沂曹济道兼管黄河兵备道、山东督粮道权布政使。

《圣迹图》

南宁文庙收藏有清朝时期的《圣迹图》。此书为同治年间孔宪兰辑历代刻石付梓而成，纸质、线装，一函四册，长30.4厘米，宽41.6厘米，高0.5厘米，共收图86幅，镌刻精美，线条流畅，每幅图均配有题记。

孔宪兰，孔子第七十二代孙，山东菏泽人，同治举人，任巨野县（今山东菏泽）训导。

① ［清］孙星衍等辑，郭沂校补：《孔子集语校补》，齐鲁书社1998年版，第2页。

字画

南宁文庙具有代表性的字画有民国时期的石农山水画、闻一多和曹禺的书法作品。

石农山水画

石农的山水画，是一幅民国时期洪石农的作品，内容为一老者悠然闲坐于崇山峻岭之间的岩石边上。画为纵轴，长114厘米，宽38.3厘米，笔酣墨饱。

洪石农，本名洪范。字石农，清末民国时期人，安徽休宁人，官至兖沂曹道。其字画博雅工诗，书法画笔，雄视一切，既传山水宗黄公望之苍浑见骨，又承墨竹师苏轼之潇洒欲飞，其亦善花鸟。

闻一多书法作品

闻一多的书法作品为陆游《游山西村》诗："莫笑农家腊酒浑，丰年留客足鸡豚。山重水复疑无路，柳暗花明又一村。箫鼓追随春社近，衣冠简朴古风存。从今若许闲乘月，拄杖无时夜叩门。"作品长68厘米，宽33.5厘米，字体为隶书。

闻一多（1899—1946），本名闻家骅，字友三，湖北黄冈人，中国现代伟大的爱国主义者，坚定的民主战士，中国民主同盟早期领导人，中国共产党的挚友，新月派代表诗人和学者。

曹禺书法作品

曹禺的书法作品，为1987年夏其于北京居所所作："君子之交，其淡如水。执象而求，咫尺千里。问余何适，廓尔忘言。"作品长68.3厘米，宽34.8厘米，字体为草书。

曹禺（1910—1996），原名万家宝，字小石，湖北潜江人，中国杰出的现代话剧剧作家，中国现代话剧史上成就最高的剧作家。

铜鼓

南宁文庙收藏的铜鼓，为清朝时期麻江型铜鼓，面径47.2厘米，高28厘米，胸径50厘米，足径47.6厘米，铜鼓整体曲线柔和，胸、腰、足三部分均有蕉叶、云雷、回形纹，两对扁耳对称分列于铜鼓胸部，鼓面分八晕，十二芒的太阳纹位于铜鼓中央，芒深入一晕里面。

南宁文庙之收藏的铜鼓

钱币

乹亨重宝

此钱币直径2.4厘米，穿宽0.08厘米，厚0.1厘米，为五代十国时期南汉乾亨二年（918年）铸造，钱币背部刻有"邕"字，是南宁作为地名首次出现在钱币上。

铜钱

此铜币直径2.1厘米，穿宽0.5厘米，厚0.06厘米，为太平天国时期圆形方孔铜钱，背圣宝（横书）。

古家具

南宁文庙收藏的家具均为清朝时期文物，有铁力木卷书贵妃床、铁力木包圆方桌各一个，铁力木南官帽椅一对。铁力木卷书贵妃床，长189厘米，宽51.5厘米，高73厘米；铁力木包圆方桌，长89.8厘米，宽89.5厘米，高84厘米；铁力木南官帽椅，长59厘米，宽44.5厘米，高50.5厘米，通高94.8厘米。此四件古家具，均造型精美又不失大方，雕刻花纹寓意吉祥，镂雕技艺精湛。

大铜钟

大铜钟，是南宁文庙管理所于2012年夏天铸造的，位于南宁文庙大成门处，大字铭文为："风调雨顺　国泰民安　人杰地灵　文元武魁。"其铭文内容为："巍巍邕邑，南疆之屏，煌煌文庙，千载传承。政通人和，百业盛兴，重光胜迹，辉映名城。青山郁郁，邕水漾漾，龙象襄护，凤凰仁停。殿宇崇峻，圣像端凝，馨香缭绕，紫气盈庭。大哉儒学，民族魂灵，天人合一，与时偕行。民胞物与，义理至精，五常洪范，世代服膺。伟哉孔圣，道同日月，泽被天下，化及黎萌。讲学杏坛，删述六经，先师圣训，玉振金声。"

夹带

南宁文庙收藏的夹带属官职、武事类夹带，标注"防""族""地司""疏""官职类""康""国""实""林""武事类""作众"等。此夹带长47.5厘米，宽22.5厘米，为正反两面书写绸布，字体工整。

此外，南宁文庙还收藏有一批汉代陶器，如汉代陶镌壶、汉代陶鼎、汉代陶壶、汉代陶仓、汉代陶奁、汉代博山炉和汉代陶井等文物。

新时代
南宁文庙的发展

坚守仁的思想内核价值定位

「泌然」升「陶然」熏陶感化

「庙馆」续「庙学」教化前行

仁乃人性之本，是儒学思想的内核。孔子认为，仁者爱人。仁者爱人，需由亲而疏，且由近而远，由此仁不仅是个人层面的修养，更是国家治理的追求，因而仁应该成为人类处理社会关系的智慧与方法。道乃宇宙规律运行之本，是中华民族认识自然之智慧结晶。故仁与道，理当成为中华文明的核心价值观。

坚守仁的思想
内核价值定位

中华先民的生命经验和生活智慧的核心就是一个"仁"字。"仁以为己任，不亦重乎？死而后已，不亦远乎？"[1]

坚守仁之思想核心

礼仪是中华先民尊崇的生活方式，礼义是中华先民追求的精神价值，所以孔子并不看重玉帛、钟鼓这些礼制的外在表现形式，而是要求认真体会礼制设置的精神实质。儒学认为，仁为核心，礼而次之。孔子认为仁是情感，礼是行为规范，仁驾驭礼，礼落实仁。孔子称："礼之用，和为贵。"人类自诞生之日起就是群居生活，因为离开群体，单个个体的人是很难生存的。群居必然产生人与人之间的交往，交往就产生一定的规范。这种规范，俗称习惯或习俗。当这种习俗被仪式化甚至制度化之后，就产生礼制。礼制在人类社会的物质表现为礼仪，其精神内容则是礼义，或者说礼仪是生活方式，礼义是精神价值。这个精神实质就是"仁"，而"礼"是用来体现"仁"的工

① 杨伯峻：《论语译注》，中华书局2006年版，第92页。

具和手段，"仁"是施行礼制形式的目的和价值。[1]

社会生活中，我们感受到礼仪规范我们的生活方式，但其支撑力量却是中国传统文化的精神价值，即礼义。讲究礼仪、讲求礼义即是中国人之所以为中国人的内在特质之一。中国传统文化的表现形式集中表现为礼制文化。礼文化的核心，是仁文化。礼为仁之用，仁为礼之体。仁，乃人与人之间的亲善关系，亦是处理人际关系的行为准则。

孔子不仅是中国古代伟大的教育家，更是中国古代伦理学的开创者。孔子以仁为核心范畴，提出了一系列道德规范，建立了完整的伦理道德学说，并以此作为自己学说的主体内容。孔子的思想，对于中国传统文化浓重的伦理道德色彩的形成，起到了决定性的作用。"仁"是孔子伦理道德思想的核心。因为"仁"，既是"爱人"或"泛爱众"，又是忠恕之道（推己及人）的行"仁"方式。人以"仁"为本，而"仁"又以"孝悌"为本，而在孔子看来，"孝悌"是一种由天然血亲之爱为本始的"天赋德性"，天然亲情是一切人际关系的原点，父子手足的人伦道德源之于天然血亲的感情。由此可见，孔子不但认为人之为人的本质在于人伦道德，而且也间接表达了人的这种德性、属性是先天就存在的。[2]

坚守道之价值内核

《周礼》曰："养国子以道。"中华文化崇尚"道"。"'道'字从行从首，实为从行从人，故'道'是取人行于路

---

[1] 汤勤福、葛金芳：《中华传统礼制内在价值及其现代转换》，载《文史哲》2018年第3期。
[2] 葛晨虹：《德性与教化——儒家德性思想研究》，同心出版社1998年版，第94页。

途之象。"①道者，万物莫不由之之谓也。《中庸》云："道不可须臾离也，可离非道也。"②《明史》载："孔子以道设教，天下祀之，非祀其人，祀其教也，祀其道也。"

"夫道，有情有信，无为无形；可传而不可以受，可得而不可以见……先天地生而不为久，长于上古而不为老。"③"道"可以理解为"真理"，是至高无上的人类价值内核。"儒家思想代表了中国人的核心价值观，这套核心价值观是跟中国人的历史文化处境和生存条件相符合的，它和中国人生存的历史环境、历史条件、生产方式、交往方式是弥合在一起的，因此符合当时中国社会的需要，所以它就成为中国文化的主体部分。"④中华民族优秀文化的传承，其实就是中华民族基本价值理念的传承。中国民族的文化传统强调的是合道，即和谐与秩序化，即个体生命在天地之间获得自身的价值感、秩序感和意义感，找到人生的根本，也即获得幸福。

"深入挖掘和阐发中华优秀传统文化讲仁爱、重民本、守诚信、崇正义、尚和合、求大同的时代价值，使中华优秀传统文化成为涵养社会主义核心价值观的重要源泉。"⑤在当代体现为二十四字的社会主义核心价值观：富强、民主、文明、和谐；自由、平等、公正、法治；爱国、敬业、诚信、友善。党的十八大以来，更加重视儒学文化。2013年习近平总书记前往孔府及孔子研究院，强调中华民族伟大复兴需要以中华文化发展繁荣为条件。2014年，习近平总书记对社会主义核心价值观及其与传统文化之间的关系进行深刻而又系统的解读："核心价值观，其实就是一种德，既是个人的德，也是一种大德，就是国家的德、社会的德。"⑥2017年中共中央办公厅、国务院办公厅印发了《关于实施中华优秀传统文化传承发展工程的意见》。南宁文庙要坚守"道"之价值内

① 张立文主编：《道》，中国人民大学出版社1989年版，第10页。
② 汤勤福、葛金芳：《中华传统礼制内在价值及其现代转换》，载《文史哲》2018年第3期。
③ 陈鼓应：《庄子今注今译》，中华书局1983年版，第199页。
④ 陈来：《中华文明的核心价值——国学流变与核心价值观》，生活·读书·新知三联书店2015年版，第164页。
⑤ 习近平：《习近平在北京大学师生座谈会上的讲话》，载《人民日报》2014年5月4日。
⑥ 习近平：《青年要自觉践行社会主义核心价值观》，载《人民日报》2014年5月5日第2版。

核，对传统文化核心"道"进行更深刻的正译与重释，坚持将文化活动提升到"道"的高度，用理性启蒙的高度，引领每一个人改变自己的内心世界，从而培育全社会的人文精神。《说文解字》云："人，天地之性最贵者也。"①人处在万物的中心，一言一行都影响着整个世界，这正是中华文化人本精神的体现。南宁文庙应当立足于以南宁本地文化多样性为根本特征的地区文化生态，从客观的历史事实和丰富的民间实践中探寻沉淀下来的伦理共识和道德品格，用中华智慧来创建适合当今社会礼仪价值的新体系。

文庙是儒学的载体和活化石，其存在不仅表现在物质层面，更重要的是体现在精神层面。文庙已经成为"儒学的重要载体乃至中国文化的标志性符号"，其"精神内核不仅影响着两千余年中国的政治生态、文化传承及社会教化等，还辐射到周边及欧美诸多国家，至今仍彰显出强大的生命力"②。先秦儒家的一个基本假定是，教育是改变人类行为的关键，因此教育也是解决政治和社会问题的关键。孔子曰："见贤思齐焉。"③孔子认为道德上的榜样最自然地吸引着人们。孔子认为："君子之德风，小人之德草。草上之风，必偃。"④，又曰："德不孤，必有邻。"⑤可见，孔子是强调道德榜样的社会教化作用的。传统或经典的复兴，应该是民族复兴的内容之一。不同的人、不同的历史时期，会选择不同的传统或经典，但是不能离开教化的目的——培养人的精神和灵魂，即培养好人。何谓好人？中华传统礼制、礼仪较好地回答了人的两个根本核心问题：一是"我是谁""我将成为谁"，二是"我该如何与外界相处"。"我是谁""我将成为谁"是自我认识层面，是人个体的人格修为；而"我该如何与外界相处"是实践的交往层次，是人个体思考该如何与其自身之外的世

① ［汉］许慎：《说文解字》，上海古籍出版社1983年版，第365页。
② 周洪宇、赵国权：《文庙学：一门值得探究的新兴"学问"》，载《江汉论坛》2016年第5期。
③《论语·里仁》。
④《论语·颜渊》。
⑤《论语·里仁》。

界的交往问题，其实就是人的"情商"，包括如何处理好自己
与他人、自己与家庭、自己与社会、自己与国家、自己与大
自然的关系。

中共中央办公厅、国务院办公厅印发《关于实施中华优秀传统文化传承发展工程的意见》的主要内容为"核心思想理念。中华民族在修齐治平、尊时守位、知常达变、开物成务、建功立业过程中培育和形成的基本思想理念，如革故鼎新、与时俱进的思想，脚踏实地、实事求是的思想，惠民利民、安民富民的思想，道法自然、天人合一的思想等，可以为人们认识和改造世界提供有益启迪，可以为治国理政提供有益借鉴。传承发展中华优秀传统文化，就要大力弘扬讲仁爱、重民本、守诚信、崇正义、尚和合、求大同等核心思想理念"。"中华传统美德。中华优秀传统文化蕴含着丰富的道德理念和规范，如天下兴亡、匹夫有责的担当意识，精忠报国、振兴中华的爱国情怀，崇德向善、见贤思齐的社会风尚，孝悌忠信、礼义廉耻的荣辱观念，体现着评判是非曲直的价值标准，影响着中国人的行为方式。传承发展中华优秀传统文化，就要大力弘扬自强不息、敬业乐群、扶危济困、见义勇为、孝老爱亲等中华传统美德"。"中华人文精神。中

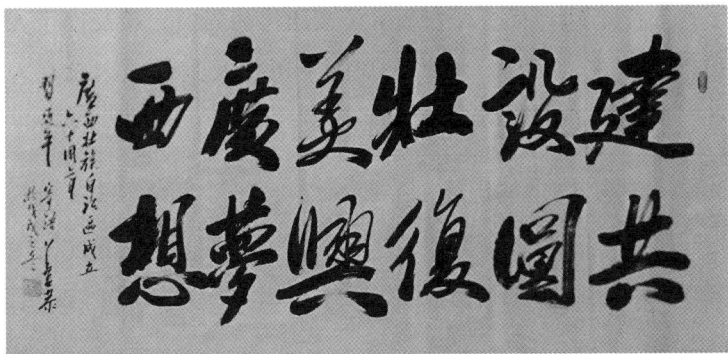

习近平为广西壮族自治区成立六十周年大庆题词（书法系他人所作）

华优秀传统文化积淀着多样、珍贵的精神财富，如求同存异、和而不同的处世方法，文以载道、以文化人的教化思想，形神兼备、情景交融的美学追求，俭约自守、中和泰和的生活理念等，是中国人民思想观念、风俗习惯、生活方式、情感样式的集中表达，滋养了独特丰富的文学艺术、科学技术、人文学术，至今仍然具有深刻影响。传承发展中华优秀传统文化，就要大力弘扬有利于促进社会和谐、鼓励人们向上向善的思想文化内容"。[①]这些中华优秀传统文化的核心思想理念、传统美德和人文精神，给文庙的发展预留了足够的发展平台、空间。南宁文庙的涵化，不应停留在举办仪式、诵读经典的层面，而应该更积极地寻找与南宁人现代心灵的状态、世风民情相适应的教化方法。

古往今来，南宁涌现出许多风云人物，有名垂青史的马援、狄青，有南宁人世代缅怀的知州苏缄、陶弼，有教育名家王守仁、雷沛鸿，有治水能人吕仁、孔宗旦，有邕州第一进士石鉴，有蜚声全国的诗人秦观、董传策，有"化蝶"蒙童黎简、李璧，还有当代国际知名战略科学家、中国著名地球物理学家、无私的爱国者黄大年等，他们在历史上树立起

---

① 人民网：《关于实施中华优秀传统文化传承发展工程的意见》。

了一座座丰碑。有些人入选南宁文庙作为先贤，接受南宁人民世代祭祀、缅怀；有些人则由于历史及其他原因没有入选，但他们同样活在南宁人的心目中。

青史战将：马援、狄青

马援

马援（前14—49），字文渊，扶风郡茂陵县（今陕西兴平）人，西汉末年至东汉初年著名军事家，东汉开国功臣之一。建武十六年（40年）二月"交趾麓泠县雒将女征侧与妹征贰起事，称王"[1]。建武十七年（41年）十月"以马援为伏波将军南击交趾"[2]。建武十八年（42年）三月"马援大破征贰"，次年"马援击败征侧等，杀之"[3]，平定了岭南，被誉为"历史上记载的第一个驻足南宁的名人"[4]。现今位于南宁市横县云表镇境内的伏波庙专祀马援，每年农历四月十四（传说是马援生日）当地民间还自发举办"伏波诞"，庆祝马援诞辰日，形成了当地每年一度的"伏波庙会"[5]。马援自东汉光武帝建武十七年（41年）至建武二十年（44年）率军南征交趾，凡经过的郡县，他不仅注重恢复生产、加强治理，还把南越地区与汉朝律法有出入的十余条律法奏明朝廷，并向越人重新申明原有的制度，对他们加以约束，自此之后南越地区一直奉行着马援确定的秩序。

狄青

狄青（1008—1057），字汉臣，汾州西河（今山西省汾阳市）人，北宋名将，一生骁勇善战。皇祐年间，广源州侬智高攻陷邕州，沿西江东下又攻克九个州，包围广州城。宋

① 翦伯赞：《中外历史年表》，中华书局，1961年版，第134页。
② 翦伯赞：《中外历史年表》，中华书局，1961年版，第134页。
③ 翦伯赞：《中外历史年表》，中华书局，1961年版，第134页。
④ 罗世敏主编：《千年写真，南宁史话》，广西民族出版社2004年版，第28页。
⑤ 白帆：《马援传说圈与马援崇拜》，载《齐鲁师范学院学报》2015年第1期。

仁宗任命狄青为宣徽南院使、宣抚荆湖南北路，负责处理广南叛乱之事。狄青到任后统一指挥，于皇祐五年（1053年）正月十五日夜袭昆仑关，大败侬智高于"归仁铺之役"，大败叛军，光复邕州城，拜枢密副使、护国军节度使、河中尹。回到京师后，仁宗嘉奖狄青为枢密使，赏赐宅第，儿子加官晋爵。

"父母官"：苏缄、陶弼

苏缄

苏缄（1016—1076），字宣甫，北宋泉州（今厦门同安县）人，宋仁宗景祐三年（1038年）壬子科进士。宋熙宁四年（1071年）"交阯谋入寇"[①]，宋仁宗赐其"皇城使"，奉命接任邕州知州。熙宁八年（1075年）十二月，交阯辅国太尉李常杰与副帅宗宜指挥水陆大军10余万人，水陆并进，从钦州、廉州、永平（今广西宁明县）直逼邕州，围攻邕州城42天。邕州守城官兵、峒丁、土丁共2800人与全城5万百姓在苏缄的率领下，英勇抗击侵略者。熙宁九年（1076年）正月二十一日，因外援未至，粮尽泉涸，邕州陷落，苏缄誓死不降，大呼"吾义不死贼手"[②]，率全家36人纵入火中，壮烈殉国，邕城无一人从贼，侵略军"屠郡民五万余人"[③]，"焚邕州城"[④]。宋仁宗对苏缄御敌守城殉国深切哀悼，诏"恤岭南死事家属，立殉难将士墓"，追赠苏缄为"奉国军节度使"，谥"忠勇"。州人在苏缄殉难处建立忠勇祠奉祀。宋元祐七年（1092年）宋哲宗赐额"怀忠"。南宋后期，苏缄忠勇祠逐渐转变成供奉地方保护神的邕州城隍庙，元世祖至元年间修葺加固，明初加封邕州府城隍爵位，明洪武、弘治、嘉靖年

苏缄殉难处

①［元］脱脱等：《宋史》，中华书局2000年版，第10236页。
②《广西通志》卷六十五《名宦》，钦定四库全书本。
③［元］脱脱等：《宋史》，中华书局2000年版，第10236-10237页。
④［宋］司马光：《涑水纪闻》，中华书局1989年版，第249页。

间重修，清康熙、道光年间均有维修，苏缄一直是南宁的城隍，并成为如今南宁城隍庙的主祀。

重建南宁城隍庙纪念碑文

陶弼

陶弼（1015—1078），字商翁，永州（今湖南省祁阳县）人，东晋名将陶侃之后，曾三任邕州知州，深受邕州民众的爱戴。陶弼始于宋平治二年（1065年）知邕州，其不但治水得法、体恤民众，而且直面邕州多民族杂居、彼此关系紧张的现实，着手进行教化。陶弼不仅是诗人，且倜傥知兵，能为诗，有"左诗书，右孙吴"之誉，元朝袁桷有言"昔陶商翁、刘景文以边将有能诗名，将军翰墨之美，诚不愧古昔"[1]。其《邕州小集》一卷和《四库总目》仍传于世。

教育名家：王守仁、雷沛鸿

王守仁

王守仁（1472—1529），字伯安，别号阳明，浙江余姚人，明代著名的思想家、哲学家、书法家兼军事家、教育家，创立"阳明心学"。嘉靖六年（1527年）在平定思恩、田州时"亲入营，抚其众七万"[2]，《田州立碑》碑文有云："其以德绥，勿以兵虔。乃兴师振旅，信义大宣，诸蛮感慕，旬日之间，自缚来归者，七万一千。悉放之还农，两省以安。"[3]王守仁之"文德"不仅表现在平定里，还表现在教化中。明嘉靖七年（1528年）率兵抵达南宁后，在平定广西思田叛乱期间驻军南宁，在城北门口县学旧址兴办敷文书院，有名联为：心学揭良知，忆当年息马投戈，顿化遐陬成泮壁；教思追大雅，欣此日横经鼓箧，共歌乐职布中和。后

① ［元］袁桷：《清容居士集》，影印文渊阁四库全书本。
② ［清］张廷玉：《明史》，中华书局2000年版，第3442页。
③ ［清］汪森：《粤西文载校点》，广西人民出版社1990年版，第318页。

人有如下述:"圣功开草昧,文教辟荒芜。冠冕敦三礼,雍容奏六符。"[①]王守仁之学,如春风化雨,沐化邕地,此后后人又因此留下了许多"敷文书院诗",如清代的周起岐、严大谟、洛士愤都分别留有《敷文书院》诗首,张琼、顾鼎植、韩章则分别写有《重修敷文书院二首》《谒文成书院复新》和《去南宁留题书院》。

王守仁,既作为南宁文庙的先儒祭祀,又作为南宁文庙的名宦祭祀,这在南宁文庙是独一无二的,足以见其在南宁历史发展上的重要贡献及地位。南宁是王阳明人生的最后一站,也是明朝最后一个传播阳明心学的地方,至今南宁青秀山的"阳明洞"以及"阳明先生过化处"、南宁人民公园内的王阳明像、平果县的阳明洞石刻、武鸣王公祠及阳明书院遗址、平果县旧城圩驿站遗址、靖西县望江亭对刻等多处都有纪念王阳明的痕迹。在今平果县码头对岸的右江南岸,有一岩洞洞壁刻有"阳明洞天"大字,洞前峭壁刻有王守仁"征抚思田功绩文"一篇。武鸣的阳明书院亦为王守阳明讲学地,此地因多榕树,故名榕树园,1969年9月改为武鸣县府城高级中学,尚有名联:服其教、畏其神,故非常之功,必待非常之人,遍为尔德;官先事、士先志,有君子之词,而无君子之行,莫入吾门。隆安县的阳明书院位于城北门内,后改名兴文书院和榜山书院,中建讲堂,后为杰阁,上祀魁星,下奉王守仁神主,今为隆安中学。

雷沛鸿

雷沛鸿(1888—1967),字宾南,广西南宁府宣化人,中国近现代著名教育理论家、实践家。雷沛鸿1914年至1933年在美国学习,回国后在广西举办国民基础教育运动,坚持"教育应

---

① 林小静等:《南宁府志》,广西人民出版社2008年版,第1781页。

具有三个特性：其一，是生长性（Everlasting）；其二，是普遍性（Universality）；其三，是现代性（Modernity）"①，以社会策划、教育策划两种科学方法，普及国民基础教育。社会策划就是均衡发展社会各个部门，建设完全健康的社会；教育策划就是强调教育的全局统筹，让教育步骤有计划地进行。社会策划是教育策划的先决条件，教育策划是实现教育理想的唯一方法。在1933年至1939年间，广西国民基础教育学校规模、学生人数、毕业生数量和师资队伍质量都取得了优异成绩，加快了广西的教育和发展，为中国普及基础教育提供了重要的方法指导、实际范例。他策划、主持的这次民族教育体系构建运动，不仅时间长、范围广，而且成效显著、影响深远。他的教育思想博大精深，教育实践独树一帜。

治邕能人：吕仁、孔宗旦

吕仁

吕仁，唐朝时期任邕州司马，履新当年，为了解决邕州常年洪涝灾害，征集民工，于邕溪水注入邕江出口处（今南湖）填土方，筑大堤阻止邕江水倒灌，同时又在埌边村（位于今南湖北头）筑堤，把上游流下的水分流引入南边的竹排冲，排出邕江。其引渠分流以泄水势，建成珠江流域最早的分水工程，从那时起邕州再无没溺之害，民众夹水而居。后人塑吕仁塑像于南湖边以纪念之。

南宁文庙之名宦——吕仁

孔宗旦

孔宗旦（？—1052），山东曲阜人，孔子四十六代孙，宋皇祐元年（1049）为邕州司户参军。期间，邕州北郊苏卢一

① 雷沛鸿：《几句提撕警觉语》，广西普及国民基础教育研究院日刊第三十四号，民国二十四年三月六日。

带常遭水患，孔宗旦调集民工，在心圩江上游崤坡和丁坡之间，用四年时间修建了铜鼓陂水利工程。解决了当时苏、卢两村（现合称苏卢村，已成为南宁市城中村）的土地浇灌问题，旱涝保收，人民深得其利。皇祐四年（1052年），侬智高破邕州城，孔宗旦"被执骂贼而死"[1]，赠太子中允。苏、卢两村村民建立庙宇以作纪念，俗称"太子庙"。至今每年农历四月十九日，都会举行孔宗旦诞辰纪念活动，俗称"太子诞"。

吕仁、孔宗旦治水有功，造福邕江两岸的百姓，一直附祀于南宁文庙中，其教化作用万世不竭。

杰出邕人：石鉴、黄大年

石鉴

石鉴（约1018—1093），号"少卿"，邕州石庄（今南宁市西乡塘区金陵镇大石坡、小石坡）人，宋皇祐元年进士（是邕州历史上的首位进士），历北宋仁宗、英宗、神宗三朝。皇祐年间侬智高反宋，石鉴挟策助狄青、余靖平定侬氏之变，石鉴也因功授大理丞，知桂州、邕州，后官至广南西路经略安抚使、工部尚书，是北宋名臣。石鉴一生，三知桂州（今桂林）知州，是宋朝朝廷信任并倚重的治理广西这一南方边陲要地的要员，更是南宁文庙第一位配祀乡贤祠的人物。

黄大年

黄大年（1958—2017），广西南宁人，国际知名战略科学家、中国著名地球物理学家、无私的爱国者。他秉持科技报

---

① [明]闵述：《粤述》，中华书局1985年版，第26页。

国理想，致力教育科研事业，刻苦钻研，勇于创新，取得一系列重大科技成果，填补多项国内技术空白。他负责协调和组织管理我国跨部门和跨学科优势技术资源和团队，充分挖掘我国在超高精密机械和电子技术、纳米和微电机技术、高温和低温超导原理技术、冷原子干涉原理技术、光纤技术和惯性技术等领域取得的最新进展成果并形成了技术能力，首次推动我国快速移动平台探测技术装备研发，攻关技术瓶颈，突破国外技术封锁，是新时代海归科技报国的楷模。

蜚声诗人：秦观、董传策

秦观

秦观（1049—1100），字少游，一字太虚，江苏高邮人，宋元丰八年（1085年）进士，苏轼的弟子，文学家，兼备诗、词、文赋和书法多方面的艺术才能，尤以婉约之词驰名于世，曾任太学博士、国史院编修官等职。其诗词细腻、婉媚，情韵兼胜，体现诗情与画意的完美结合。他对于事物的感受、生活的观察和体验都相当细致入微，且着意于对事物内在关系和规律的精微体悟。宋绍圣四年二月二十八（1097年3月14日），秦观被宋哲宗下诏命由郴州移送横州编管，次年即元符元年（1098年）抵达横州。秦观抵达横州后，在城西设馆讲学，广收生徒，教化当地民众，"经指受作文，皆有法度可观"，后人在此基础建起淮海书院。此外秦观还教化当地百姓种桑养蚕，发展经济，并撰写了我国现存最早的一部蚕桑专著《蚕书》。秦观在横州写下了不少诗词，如《浮搓馆书事》《月江楼》《醉乡春》《冬蚊》《反初》等，给邕地带来了一股清新的文风。其中最著名的当数《醉乡春·题海棠桥祝生家》，词为："唤起一声人悄，衾冷梦寒窗晓。瘴雨过，海棠开，春色又添多少？社瓮酿成微笑，半缺椰瓢共舀。觉倾倒，急投床，醉乡广大人间小。"[①]此词开启了横州海棠诗之先河，定下了极高的艺术格调和审美品位，其中"醉乡广大人间小"，堪称千古名句，横州的"海棠桥"也因此佳句而得名。此桥如半弯新月，静卧城西郁江边的香稻溪上，为横州古八景之一。其他诸如"怀古亭""海棠祠"等都与秦观息息相关。

董传策

董传策（1530—1579），字原汉，号幼海，明朝南直隶华亭县（今上海市松江区）人。董传策被贬南宁后，积极致力于当地治理。史书记载，董传策"每至青山，辄徘徊终日，不能遽去"[②]，在山坳因山势筑"洞虚亭"，凿石开渠引泉水入"青莲池"，池上建造"混混亭"，横岭之下构"白云精舍"……通过打造青山（今青秀山），给南宁注入文化意蕴。董传策亲自创作"青山"诗文：《青山构白云精舍》《粤西山水歌》《洞虚亭次韵》《游白云精舍四首》《与诸子登雷锋》《青山杂兴》等，打开了"青山"诗赋之序幕。《青山构白云精舍》全文为："高冈抱平原，北峰面江渚。临眺豁景光，良维醒心处。前有混混泉，清若水壶注。清泉注不舍，脉脉润江树。隔江带群峰，烟霞换晴雨。堪与自无垠，山水互流峙。"[③]每每吟诵，令人感叹，青山秀美，美不胜收。董传策在青秀山上发现了一眼泉水，"遂剪其蔽，为石龙口盛之"[④]，并用"听之使我心神清，忽闻万木皆春声"[⑤]之诗句来赞美，后人将泉水命名为董泉。

① ［清］汪森编辑，桂苑书林编辑委员会校注：《粤西诗载校注》，广西人民出版社1988年版，第129页。

② ［清］汪森著，黄盛陆等点校：《粤西文载校点》，广西人民出版社1990年版，第15页。

③ ［清］汪森著，黄盛陆等点校：《粤西文载校点》，广西人民出版社1990年版，第15页。

④ ［清］汪森：《粤西文载校点》，广西人民出版社1992年版，第126页。

⑤ ［明］董传策：《采薇集四卷》，齐鲁书社1996年版，第340页。

"化蝶"蒙童：李璧、黎简

李璧

李璧（？—1525），字白夫，广西武缘县人，壮族，自幼勤奋好学，知书识礼，明弘治八年（1495年）应乡试中举。李璧先后赴浙江兰溪县和仁和县任教谕，潜心施教，诲人不倦，生员深感其德。正德十年（1515年），升任四川剑州知州，为政务实，廉正刚直，颇有政绩。李璧任职期间，曾在当地修筑剑阁道，使自剑阁南至阆州，西至梓潼，300余里车船畅通，一改剑州闭塞面貌，百姓深受其惠，故深得剑州民众敬仰和怀念。正德十六年（1521年），李璧迁云南临安府同知，因政绩显著，嘉靖四年（1525年）擢南京户部员外郎。李璧对经传、碑文、钟律颇有研究，"曾在南京讲学"[1]，被誉为"今之胡瑗"[2]，并著有《剑阁集》《皇明乐谱》《名儒录》等。

黎简

黎简（1747—1799），字简民，一字未裁，清朝广东顺德人，在南宁生活长达二十几年，经常与妹妹在南宁城外的达礳山庄读书，著有流行诗歌集《五百四峰草堂诗抄》，其中包括《高峰隘》《邕州城楼》《寒夜忆亡妹邕州》《寄罗海韬邕州》《酬友邕州见寄》《送人客邕州》等多篇与南宁有关的作品。黎简的诗歌对全国产生过极大的影响，与张锦芳、黄丹书、吕坚并称清中叶"岭南四家"[3]，是岭南诗坛的中坚。黎简一生以诗书画印四绝驰名。

南宁文庙不仅应该充分利用文庙内的主祀、配享、陪祭和从祀事迹教化社会，而且更应该重视利用文庙内附祀的乡贤、

[1] 广西壮族自治区地方志编纂委员会：《广西通志·教育志》，广西人民出版社，1995年版，第9页。
[2] 广西壮族自治区地方志编纂委员会：《广西通志·教育志》，广西人民出版社，1995年版，第9页。
[3] ［清］张维屏编撰，陈永正点校：《国朝诗人征略》，中山大学出版社2004年版，第1007页。

名宦及其他南宁的杰出人物事迹教化后代。因为他们或者是南宁本地人，或者是在南宁这片热土上挥洒过生命的先哲，其正能量的事迹让后人更乐意潜移默化地去效仿、模仿。因为对于每个个体而言，一生中最大的任务就是处理自己与自己之外的世界的关系。这一种关系，集中体现为遇事能产生一整套理解它的能力，具体表现为自己体会生活、理解生活的能力。其本质就是对世界的理解。社会上的每一个个体都在意志上真正服从于体现人的本质同一性的善良意志，并在价值选择上最大限度地向往于同一的道德境界（追随圣人）。"如果说，历史上乡贤名宦对南宁的教化是一种沁染的方式，那么当下以及今后其对本地的教化方式应该有所创新，这种创新的教化方式就是陶染，即以更加积极主动的方式，将乡贤名宦们最本质、最集中体现的优秀中国传统伦理道德，有意识地影响南宁人的生活方式、价值追求和社会规范。"①因此，南宁文庙应该成为传递文明与文化的精神家园，具有中国视野，拥有文化担当与民族情怀。

---

① 蓝日模：《从沁染到陶染：乡贤名宦之教化新意蕴和价值—以南宁孔庙为例》，载《宁波大学学报》（教育科学版）2020年第4期。

"庙馆"续"庙学"
教化前行

教化，就是将一种观念植入人心。当然，这种植入不是强迫，而是一种熏陶与感化，让人自己产生思考和思想，是个人的修齐治平，这个过程就是涵化。人人都有可以成为圣人君子的可能。[①]先秦儒家早就把自我修养的过程称为"修身"，且认为这是一个"体道"的过程。于是历史上的地方文庙，既是孔庙又是学府，以"庙学合一"的模式，承载了上千年的中国传统文化教化的使命。

南宁文庙"庙学合一"使命之终结

南宁文庙的教化是以中华优秀传统文化教化体系为核心的，其融入了中国历史，融入了中华文明，是一个渐进、漫长的上千年历史过程，依靠各地文庙、学宫的重复和传递得以生成。这种重复、传递，是在漫长的历史时期中，一代一代人研读相对集中固定的经典，传颂相对固定的故事，将对世界的感受和理解植入人身，让人自由地在未来世界里呈现

① 朱贻庭：《中国传统伦理学史》，华东师范大学出版社2003年版，第53页。

自己接受的东西，并将之继承与发扬。

以儒家为代表的中国优秀传统礼制，之所以由古至今始终具有活力和恒久价值，是因为其符合了大多数人的利益和发展要求。儒学思想主张内圣外王，内圣的核心就是仁者爱人，因此中华民族非常重视个人道德品质的完善，重视家庭伦理关系的协调，重视社会人际关系的和谐。内圣外王的中华传统礼制是弘扬社会主义核心价值观的深厚资源。因为修身、齐家、治国、平天下的步步推进之中的精义与社会主义核心价值观是高度吻合的。以儒学为代表的中华传统礼制所追求的礼义，是个人道德修养与精神境界的完美，即内圣；最终达到国家、社会、团体、家族乃至个人之间的和谐关系，即为外王。这有利于纠正当今社会的一些道德失范、礼义缺位的现象，促进社会风气不断好转，提升南宁城市的文明程度。

但是，我们以教育史的视角来审视文庙这种"庙学合一"的模式，发现其已经不能满足时代的要求。因此，文庙的新时代定位与发展是各地面临的共同问题。如何更好地发挥文庙的教育功能、造福子孙后代也是各地文庙积极研究探讨的课题。

南宁文庙"庙馆合一"方向之确立

"古今道德之极，莫盛于孔子矣；古今隆重之典，亦莫盛于孔庙矣。"[①]文庙既是重要的中华文化景观，也是重要的中华文化传承载体，具有崇高的历史价值与文化价值。儒学崇尚的"仁义礼智信"是一种典型的道德文化，蕴含着"修身、齐家、治国、平天下"的家国情怀，为中华民族伟大复兴提供坚实的价值基础与精神动力。"儒家的创始人孔子在

---

① 董冀：《孔庙缺典梳》，载黄廷桂等监修《四川通志》卷四十三，文渊阁四库全书第561册，台湾商务印书馆1986年影印版，第445页。

几千年的中华文化发展中，特别是在近代以来中华文明的重新建构中已经成为了中华文明的精神标志。我们看看海外几千万华人，如果你问他们什么是中华文明的精神标志，我想这个答案基本是一致的，那就是孔子。孔子已经不是一个个人的问题了，他在历史中已经被赋予了中华民族精神标志的含义。所以我们今天对待孔子就要很慎重，不能仅仅简单地把他当作一般的历史人物来对待。"①孔子本是"布衣"，因而其创立的儒学就应该是人人可知、人人可学的普通学问。文庙是祭祀孔子及先贤、体现儒学、宣传儒学的场所，因而其应该体现出平凡、平易、平和的"三平"精神，让人人都可以走进文庙，走近孔子、先贤，体悟仁德，体会和谐，使自己的精神得以升华，品德得以提高。这样，文庙才能在提高国民素质的过程中起到更加积极的促进作用。

南宁文庙在迁建之后，就将其功能定位为"庙馆合一"，即将文庙全方位地对社会开放，让进庙者不仅能感受到旧孔庙"祭孔"等一般文庙所体现的儒家文化熏陶，更重要的是通过文庙自身的雄伟建筑及其在如此神圣庄严肃穆的雄伟建筑中所开展的相关活动、展览（示），让亲临者得到更强的文化冲击力，不断地与历史、与圣人对话，使南宁文庙最终成为南宁市重要的传统文化传承传播基地、学校德育教育的第二课堂，成为公民提高人文素养的基地、社会文明教化的重要场所和阵地。从这个意义上讲，南宁文庙的"庙馆合一"新定位是"庙学合一"历史定位的继承与发展。

郭沫若早在1926年就写了一篇文章叫《马克思进文庙》，认为"中国的儒家文化传统跟马克思主义的文化可以融合，不是对立的"②。优秀传统文化是民族的根基，越先进的社会、国家，越有能力保护自己的传统文化，传统文化保护得

① 陈来：《中华文明的核心价值——国学流变与核心价值观》，生活·读书·新知三联书店2015年版，第166页。
② 陈来：《中华文明的核心价值——国学流变与核心价值观》，生活·读书·新知三联书店2015年版，第190页。

越好，对本民族越有信心；越落后的社会、国家，传统文化的流失或支离破碎就越厉害，对自己的定位与前景就越手足无措，进退失据。中华民族只有筑牢自己的文化根基，才能立于不败之地。

南宁文庙是一颗活生生的千年大树，深深扎根在中华文化和历史的土壤中。中华文化有中国人安身立命、生死不渝的价值。千年礼乐，不绝如缕。传统文化的传承，绝不是简单的怀旧，而是发展——基于中华文化的历史、信仰而一次次地图新发展，这本身就是现代化的手段与表现。

如今，文庙不仅仅是祭祀孔子的场所，更是儒学文化的重要组成部分。"仁"是孔子所开创的儒学文化之核心。"仁者乐山，智者乐水"[1]已成为一代代中华儿女的不懈追求。南宁文庙既已雄踞仁山智水之胜景，必将寓意中华礼乐文明之昌盛，护佑邕城文脉之流芳。

---

① 朱熹：《论语集注》，中华书局
2012年版，第55页。

附 录

邕州学记（又名《南宁府学记》）

[宋] 邓 容

　　按建武志州之学基凡五易，皆莫详创建徙置之由，唯传旧在沙市阛阓间，再迁于城南而已。今五花岭所建，咸谓变而之善，一定不可易矣。谂诸故老，咸曰："当时郡侯谢公明之急于改张，前后左右，俱失其伦，规模体制，犹未尽善，不有高明君子，畴能悉举其偏，一归于正大备厥成哉？"

　　故自宝庆丁亥迁学以来，至淳祐戊申，曾未二纪，后遇罗浮梁先生应能来督学事，监旧贯之不可仍也，又决一革焉。于革之中，得因之义。因者非陋，革亦从变而易之。象曰："革而当，悔乃亡。"杨子不云乎："可则因，否则革。"先生盖两得其道矣。观其徙大成之殿以中居，设棨戟之门而前峙，遵道堂接于殿之次，云汉阁耸乎堂之后，旁分两庑，左右四斋，献官有斋宿之馆，职事严秩序之位。出而学径，则表以崇儒之坊，此更革之大要也。所谓因者，学宫之地不改辟，而藩垣尽夷其旧；先圣先师十哲之像不改造，而缋绘鼎然一新，收拾不朽之材，袭用已揭之扁。若夫起公生明之堂，以专考校，而衡鉴之不私，堂阶之下，通有蒙泉，甃而方源不竭。是有兖泽讲习之深意，由人为之尽善，契天道之自然，允为合可否之宜，庶几悔亡者矣。

郡守王舍人雄屡嘉叹之，察其事力之不逮，乃拨瓦一万，灰三百箱，米百斛，钱五百缗，以作不赀之费。经始于己酉之冬初，告成于辛亥之春季，始末三年。官舍学舍辽隔，惟先生不惮勤劳，虽寒风淫雨，必晨往暮归，如理家然。百尔器用，于学所宜有者，纤悉毕具。

士友言于容曰："邕学五易其地，毋虑数百年，苟且相承，文献靡证。今革数至六定，请记之。"容曰："学校者，衣冠之阈，礼义之府也。我朝诸儒先所记者，精微广大，不可加矣。晚学何所容喙，谨摭梗概，以叙于前。"

——（《粤西文载》卷二十五，钦定四库全书本，现立于南宁文庙状元门内）

重修南宁路学记

［元］文璧

天地百神皆有祭，方伯、连帅、与守土之臣，奉命祭于封内者，曰山岳、海渎，曰社稷，曰文宣王庙"。夫山岳海渎所以载物而厚民之生者也；社与稷所以有土而生民百谷者也。山岳海渎之祭，使之奠安顺理而无震裂沸腾之灾；社与稷之祭，使之丰登盈足而无凶荒饥馑之患，是皆不容废者也。若夫孔庙之祭，则肃然斋宫，省牲具礼，合乐登歌，缙绅逢掖，相与升降进退，俛伏奠享于阶楹庭陛之间，若甚迂远于事，祷祈禳祓之举，报应休咎之符，而祀典先焉。

何也？三纲五常之在天地间，将一日不可无。如饥馑之于菽粟布帛也。古之圣人，有德有位，作君作师，斯人出作入息，仰事俯育，罔不协于有极。及正道衰微，五教不敷，彝伦攸敦，民无所赖。夫子生焉，有圣人之德，无圣人之位，乘万世立教之法，存于《易》《书》《诗》《春秋》，使三纲五常大明乎天下。天地以之位，月星辰以之行，山川草木鸟兽以之宁，岂独人蒙其赐哉？

汉初以太牢祀，历代命州县皆立学，夫子之宫墙巍焉峙焉，春秋行释奠礼，为百世帝王之师。盖微夫子立是极也，山岳海渎，谁其奠之。惟社与稷，谁其尸之？

天地且不可违，而况山岳海渎、社稷哉？

邕学初在城外沙市，徙城中南隅，又徙五花岭第一峰。前临清流，后倚高阜，王宫哙哙，从庑斯翼，前门后堂，累迭书阁，其创立规矩所由来尚矣。炎隩遐坏，山林材木，不能支久远，比岁撤而新之，壮观有加焉。知风化之本，祀事之重者，大名超公修巳也。公奉天子诏来殿西南，虽数迁凡十有五，不离兹土。由是秉均衡，登枢要，盖有日矣。趾美述事，永永无斁，不坠教基，又将有望于后君子云

——（道光《南宁府志》卷四十五《艺文志》，现立于南宁文庙状元门内）

南宁府学科第题名碑

[明] 方瑜

国朝以科第取士，由乡会以及廷试，皆有录载其姓名。至于与胪传者，则又题名太学：以昭示于无穷，作人立教之意，弘且远矣。由是郡邑祗承休德于凡士之获升者，亦就各学勒名于石焉。是虽不出于令典，而其义可知也已。

南宁为广西名郡，自洪武开科以来，以至于今，领荐书擢上第者，累有其人。而题名之石，迄未有举而行者，非阙典欤？今年八月，余叨守是郡，视学之余，咨访典故，诸生复以是请。因喟然曰："是诚不可但已。"遂稽阅诸录，共得若干人，乃进诸生而语之曰："是皆汝之先达，起于科第者也。"夫国家兴士用人，重于科第，为其贤且才，与别途常流异也。故士之出，而效用于时，果贤且才，虽寡自足为贵。麟凤之见，夫岂数数？交州之姜，藤县之冯，其人足称也。而况拔萃而养，群聚而教，鹏搏虎变，相望而起，讵可限量矣乎？斯一片石尔！前辈列于其上，若贤与否，吾不敢论，诸生日游于兹，睹其姓名，而考其行履，曰亦曰某也贤，吾师之；某也不肖，吾耻之；某一乡之士，某天下之士，吾取以为法焉。他日次于诸君子之后，功名德业，如姜、如冯，真足以光于天下，传于来世。是科第虽重，而所重乎科第者，又有在也，岂不伟欤？

余不敏，无以教诸生。兹值立石，爰述国家作人，与有司所以表扬之意，因并勒之。豪杰之士，得无感发兴起者乎？是为记。

——（《粤西文载》卷四十三，钦定四库全书本，现立于南宁孔庙状元门内）

迁建南宁文庙碑记

中共南宁市委、南宁市人民政府

南宁文庙之始建，盖在宋初，年月已不可详考。其址初在仓西门外沙市，后徙城内南隅，又徙城西，址凡数易。宋宝庆三年（1127）迁至五花岭第一峰，此后历代相因，时加修缮，惟其规制代有增损改易。清末以来，科举废止，新学兴起，孔庙日渐荒废，终至倾圮，惟大成殿之梁檩砖瓦得以保存。

方今政通人和，百业俱兴。城乡发展，蒸蒸日重修孔庙，继往圣而继绝学，兴教化而敦风俗，正当其实也。以旧址狭隘，故另觅新址。其事谋定于壬申年冬，奠基于乙酉年秋，经始于丁亥年夏，历三年有余而竣工。其新址也，背依青山，前临邕江，左列印台，右环文笔，三山遥对，宛如笔架。孔庙之中，惟崇圣祠以原孔庙大成殿之梁檩砖瓦构建而成，余皆新建也。庙貌巍隆，赫赫奕奕，轮焉奂焉。圣哲之像，冠冕辉煌，异于昔时。礼乐之器齐备，奉祀之具孔新。

古邑邕城，文化粲然。其浩瀚历史，不惟孔庙。上溯数千年，有顶蛳山文化，骆越文明。东晋大兴元年（318年）建制，唐贞观六年（632年）始称邕州，元泰定元年（1324年）易名南宁，历沧海桑田，保南疆安宁。昔马伏波驻军，杨文广戍边，苏忠勇御敌等，传颂至今。孔宗旦修铜鼓陂水利，秦少游海棠桥畔留墨，王阳明敷文书院著书，徐霞客三里洋渡忘返，肖阁老立龙象塔巍峨，俱有美名。今盛世重修孔庙，振兴文化，其义大焉，一曰保护遗产，彰显底蕴；二曰弘扬传统，教育后人；三曰再造盛景，增辉名城。其事在当代，功炳千秋。

迁建南宁文庙，诚为盛事。宜书之以寿坚珉，以备垂久考之，故为之记。

二〇一一年一月二十五日立

——（南宁孔庙博物馆：《南宁孔庙》，广西人民出版社2014年版，现立于南宁文庙状元门内）

重改上林儒学记

[明] 庄朝宾

上林有学，不知始自何代，入我朝诏于天子而建者，则洪武三年也。故址与县治皆南向，据堪舆家弗叶，县治改于嘉靖戊子，而学仍如故。迨丁巳，则又二十有九年矣。适教谕梁典雅志作兴，与其僚训导吴英凤同至，于是年之夏，始谋易向以东而新之。白其事于当道，而下之县，得如议。举行时，县官以署代不常，越二年而己未冬，郭令曰："贡继至，视文庙启圣之祠，明伦之堂，皆焕然改观，他盖未能称是也。"乃命工庀材，即庙之左右为两庑，以栖从祀之神。为斋舍于堂之左右，以肄士之出入。竦观瞻则有门以表庙，垣以缭门，悉次第缮治，五阅月而工告成，盖嘉靖三十九年二月也。成之日，适余按临斯土，郭令藉其材与力以报。会所出库钱，而令与学官皆捐捧以助之。故士之得于斯劝作焉，而趋于学也斌斌矣。

余惟学校之设，在四代则然，其褒崇孔子以示法，则自汉唐始。夫孔子之道，即尧、舜、禹、汤、文、武之道也。尧、舜、禹、汤、文、武，能以其道而行于政治之间，故其所以导民而兴其行者，已默寓于声教之所渐被，而其建学立师，则自射飨、读法、劝民养老，以至讯狱、论兵而献其馘也，亦莫不在于学。盖非专为养士设也，后世则以养士而专于学矣。当时教化不明，士之生其间负有英特秀出之资为能，以其才智自表见于世者，犹溺于见闻习尚，而不能以自振。于是右文之君，有感于道德之不一也，去其为乐祖之祭于瞽宗者，而师事以孔子，然后圣人之道尊，而王化日益以溥。

夫孔子万世道学之宗也，遇七十君而不用，退而与三千之徒讲学于洙泗。其雅言则诗书执礼，其教则文行忠信，其自为学，则自十五志学，以至所欲不踰矩，终身未尝一日离乎道也。其志所存，则欲攘夷尊周，明王者一统之治于无外，至于伤明王之不作，则欲托之九夷以居，而不病其陋也，则又自信其忠信笃敬之可行于蛮貊。而吾之素位而行，固将处贫贱、富贵、夷狄、患难之偶来者，而一齐于化。其为教具存，而人人诵法焉者也。况遭圣明王者之化，与圣教相为磅礴，而此遐荒裔夷，犷而不可驯以化诲者，犹窃伏于山之左、江之右；即其化诲而为良民者，又皆颛蒙固陋，译焉而后通以言。故士之生，能以俊秀表于时，可为开道而从吾之教也，则群之庠序；俾就师儒而学焉，以诵法于孔子。孔子曰："大道之行与三代之英，丘未之逮也，而有志焉。"尔诸生于遗教者出而佐圣君，得为孔子之所欲为，则当谭吾礼乐干羽之治，以洽声称于兹；即不出而处于乡也，亦当求孔子欲居之意，而去其陋以敦吾衣冠俎豆之教，斯则朝廷命儒意也。不此之务，而惟资之占毕焉，以阶利禄，诗书道废，而圣人立教之意荒矣，岂所以望于二三子哉！

二三子从郭令来请记，将以勒诸学宫也。余故述其意之所怀而欲告者，使持以归焉，以备观省。（前嘉靖十年后，学内建敬一箴亭，方田有记。不录）

——（《粤西文载》卷二十八，钦定四库全书本）

宾州学进士题名碑

[明] 虞云翼

古宾隶南交趾郡，以琅琊名。夫琅琊，齐疆也，齐与鲁并称也。宾俗犹齐鲁之邦，陶乎理义，有圣贤之余化，故至郡部，观者曰有冠冕之遗风，名非苟信矣。

国朝定三岁一取士之制，宾之解额，则倍于贵、柳、象，与桂林大藩等，独去京师远。士膺劝驾者，率以米如珠、薪如桂，惮于冒雪而策寒驴。其平时讲习，知有理义之学，未知有科举之学，故登礼部者少。

淳祐庚戌，三山王侯，节被临轩之命来宾。明年春，释奠学宫，首出毅斋郑先生饯行诗示诸生，因曰："毅斋，得晦翁一言魁天下，而参大政，无非本诸学问，而形诸事业。为士可不思学而优则仕邪？"郡博士邢复翁且进诸生于馆下曰："是必晦翁传之毅斋，王侯将以淑诸人，遂刻其诗于明伦堂之左，以为诸生勉。"侯且置进士库，以为远试南宫者行囊之助。

绍兴壬午，郡士之与试偕如京师者始七八焉。宝祐改元，礼部奏合格进士，而奔驰果联镳。策勋曰："破天荒，昔绝无而今二进士俱以经学决科，信乎礼义之学，源深流长如此。"昔常衮设乡学以教闽士，其邦民之秀，有如欧阳詹者出焉。时人谓之龙虎榜。闽之士风为天下冠，七年三度状元来，至今人称之。

今宾阳士子，诚能有志于学，沉潜于义理，奋发于文章，则异时千亿题名，将仿佛东闽士夫之盛。益信菊坡、毅斋、矩堂、溪庄诸老先生之所以启迪后学，与夫郡侯王先生所以激作士气者，岂但利名而已哉？当以前贤之事业自勉焉。

——（《粤西文载》卷四十二，钦定四库全书本）

上思州学记

[明] 郭应聘

上思郡设学造士，去今未远。我国家肇兴，编户穷发、宇内、岭表，故兹郡也，官尚土袭，而民夷獠。逮弘治末年，始改流，从民请也。民心已知慕华矣，凡受简命而守兹郡者，孰敢不兴文教引民以入于华也哉？

故破士之荒，始于前守罗公环；建学之议，起于别驾陈公玙；而鼎立学校，创有衣冠，贤守黎公盘成之。是辟教之功，莫有先于三公者。厥后陈公台峰，徙建于郭内，为之卜吉。周公一石，立坊于序左，为之表章。诸公相继济美，而士风渐起矣。

三十七年夏，新溪李公讳时芳，以长宁令迁思守，至则越三日谒庙视学。见多士衣冠楚楚，礼度雍雍，叹曰："美哉！士去夷态远矣。但养育之地卑隘荒陋，营度位处，率多失宜。而明伦堂与庙并列，且居其左，两庑各三空，相去寻丈，半掩庙，以陛则无级，以墀则沮洳，庑门外，连三窟中埔已无，而小道止搭木桥，以通出入。棂星门逼街市，气象局促，而庙与庑四壁皆土墉，致木柱多腐朽，且庙后穿塘，最为风水所忌。以育才重地，荒陋如是，恐不足为灵异之招；而士子之无所具瞻，亦不自知其为国家之重望者，非诸君愿也。

各当草创，自难为功，公以诸君之当其难，不敢亦委其难于今日，而转移振作，施有后先，虑学术无传也。就后厅为讲所，解《学》《论》《孟》《庸》指授诸生，虑文体不达也。刻二十七为会期，每亲阅课程，面箴得失，虑儒名夷行也。时因事以纳约，俾易知易能，感触洞然。行之期年，自有学深肯綮，文思斐然者二三子焉。至于行本人道，事率常经者，众也，是不可以观教矣乎！

夫士运日隆，而学校仍故，非所以示重也。公锐意图新，力经汉制，查理积欠，计充各费。酌量既定，始请于提学，石汀翁殷，答曰："本官用意根源，处置周悉，使各郡邑皆然，则将化俗成风矣。准如议改图。"分巡台山翁程答曰："修理学校，有司第一首务，候通详至日施行。"公乃斋沐卜吉，鸠工经始，自董其治，广庙后之基，而上生纳；辟西庑之地，而邹民献，各量地授价，营度有处矣。首新文庙，益土阜基，檐楹之上，焕以节棁，而陛而墀，墁以砖石，饰以阶级。次及东西庑，间空拓三而五，增柱而廊庑门出前一位，两傍各增一空，与庑连题。棂星门进后一位，新以美材，蔽以外屏，木衬易而石屏，员础易而条砺，然后以庙后塘日计百工，民乐趋事，不七旬而新封足。明伦堂自左移建于兹，由门而堂，深远严肃，层选焕然，且分设得宜，与中州学校同一规制矣。则士之由此庠者，莫不曰："公不徒饰其观美也，重吾辈也；非重吾辈也，为国家储才也。知公之所以重，则必知所以副其重；知学校之所以兴，则必知所以感而兴。今虽无师友渊源之渐，终必有不系世累，出风尘异材，奇货居焉。孰谓麟专于郊，凤专于桐，玄珠专于赤水，而山川之灵果有所限量乎哉？"

是役也，谋始于训导前川盛公延昊，弼成于训导和龙宋公廷相。皆时稽日省，嘉勤警惰，百工陈力，允就斯休，是为记。

——（《粤西文载》卷二十八，钦定四库全书本）

隆安县学碑记

［明］黎澄

天下之事，善作者创其始，必善继者成其终。盖一人之智虑容有所未周，而一时之创制，或有所未备，故必有所待然后其盛能传也。南宁在广西为上郡，隆安旧属南宁，极西边之地，为诸蛮出入之门户。去府治稍远，民夷杂处，剽掠无宁日。我皇上初年，总督王阳明公，仗节平田州之乱，思欲严其扃钥，于是即今地创为隆安县治，冀以保障此方也。朝命既允，王公经营疆理，凡城郭、宫室、公署、学校之设，翼如也。然事创始，王公继以去任。故式廓虽定，率多苟简之习。旧学宫创于湫隘之地，尤为塌葺，学者无所依归，风俗靡所观感，无怪乎二三十年之间，人丈之不振也，岂有待而然与？

闽姚子居易一以丙辰年来莅兹邑，即留意振作，思欲举疮痍疲民而登之于诗书礼让之俗，然恐力之不逮也。既三年，政成，民孚矣，乃谋于众，而士民之心率能以有司之心为心，复偕请于令，欲以共图厥成也。令以佥谋之同，益赞其必为之志，乃捐俸以倡义举。而向义之民，各效其子来之诚。于是卜得城东之地，平衍弘敞，后有五峰如抱如拥，前有三台如揖如朝，而大江横流，周回环带，天其以启隆安人文之盛乎？爰即其地而迁建学宫焉。

是役也，公私不扰。居无何，遹观厥成，上下胥庆焉。工肇于嘉靖己未季冬月，迄明年丁亥月而落成焉。凡用材木几二万，砖瓦各五十余万，前为棂星门，次仪门三间，中为圣殿中庭，左右为两庑以妥配享诸贤，右为祠堂以祀王公，示不忘本也。左为明伦堂，为升讲之地。圣殿之后，为启圣公祠。明伦堂之后，为学宫。衙宇祠堂之后，为斋宿所、为庖厨所，幽明之礼、公私之义，靡不具备。视昔之学宫，诚所谓出幽谷而迁乔木者。士有依归，民有具瞻，岂非人事气化一新之会邪？

予按南宁，太守郭君应聘率令与师生届予言以纪诸久远。予窃闻民之初生，如禽兽夷狄然，未有知也。圣人者出，为之宫室以居之，为之衣食以饱暖之，为之立学校以教之；仁让之风成，则争斗之风息，夫然后民可得而治也。故治与教非二事也，必先有以教之，而后有以治之。古人卖剑买牛，卖刀买犊，由上有以风之也。为邑者或以学校非有司事，而漫不加意，风俗日颓，干戈日扰，而欲望治理之进，胡可得哉？姚子可谓知先后本末之序，而明于理人者与？

予忝窃文衡，深为凉薄，无以宣圣天子之德化于遐陬僻壤之方，姚令兹举所以相予之不逮者，岂其微哉？俾后来典兹邑者，亦能以此存心而不忘鼓舞作兴之道，安知隆安之文教，不寖昌寖明，而与中州埒邪？有民社稷之寄者，尚其加之意哉？

——（《粤西文载》卷二十八，钦定四库全书本）

主要参考文献

（一）史志

[1] 班固. 汉书. 北京：中华书局，1962.

[2] 班固撰，颜师古注. 汉书. 北京：中华书局，1962.

[3] 毕沅. 续资治通鉴. 北京：中华书局，1957.

[4] 陈镐纂修. 阙里志. 济南：山东友谊书社，1989.

[5] 陈旸. 乐书. 文渊阁四库全书本..

[6] 程颢，程颐. 河南程氏遗书. 北京：中华书局，1981.

[7] 程树德. 论语集释. 北京：中华书局，1990.

[8] 崔高维点校. 礼记. 沈阳：辽宁教育出版社，2000.

[9] 董诰等. 全唐文. 北京：中华书局，1983.

[10] 房玄龄. 晋书. 北京：中华书局，1974.

[11] 洪适. 隶释. 北京：中华书局，1986.

[12] 金鉷. 广西通志. 文渊阁四库全书本.

[13] 金鉷. 广西通志. 广西人民出版社，2009.

[14] 蓝钟瑞等. 文庙丁祭谱. 济南：山东友谊书社，1989.

［15］黎靖德. 朱子语类. 北京：中华书局，1986.

［16］李清植. 历代名儒传. 北京：中国书店，1991.

［17］李焘. 续资治通鉴长编. 北京：中华书局，2004.

［18］梁国治等. 国子监志. 台北：台湾商务印书馆，1986.

［19］林小静等. 南宁府志. 南宁：广西人民出版社，2008.

［20］刘宝楠. 论语正义. 北京：中华书局，1986.

［21］柳宗元. 柳宗元集. 北京：中华书局，1979.

［22］李贤. 明一统志. 文渊阁四库全书本.

［23］梁章钜. 三管英灵集. 清刻本.

［24］梁章钜. 楹联续话. 清道光二十三年刻本

［25］吕不韦. 吕氏春秋. 北京：中华书局，1991.

［26］莫炳奎. 邕宁县志. 民国二十六年排印本.

［27］欧阳修，宋祁. 新唐书. 北京：中华书局，1975.

［28］宋濂. 元史. 北京：中华书局，1976.

［29］司马光. 涑水记闻. 北京：中华书局，1989.

［30］司马光. 资治通鉴. 北京：中华书局，2011.

［31］司马迁. 史记. 北京：中华书局，1982.

［32］孙星衍等辑，郭沂校补. 孔子集语校补. 济南：齐鲁书社，1998.

［33］脱脱等. 宋史. 北京：中华书局，1977.

［34］汪森. 粤西文载，钦定四库全书本.

［35］汪森，桂苑书林编辑委员会. 粤西诗载校注. 南宁：广西人民出版社，1988.

［36］汪森，莫乃群. 粤西文载校注. 南宁：广西人民出版社，1990.

［37］王守仁. 王守仁全集. 上海：上海古籍出版社，1992.

［38］王秀梅译注. 诗经：雅颂. 北京：中华书局，2015.

［39］翁方纲. 石州诗话. 上海：上海古籍出版社，1983.

［40］魏收. 魏书. 北京：中华书局，1974.

［41］朱熹. 晦庵集. 文渊阁四库全书本.

［42］张鹏展. 峤西诗钞. 民国抄本.

［43］张廷玉. 明史. 北京：中华书局1975.

［44］赵尔巽. 清史稿. 北京：中华书局，1998.

［45］赵岐，孙奭注疏. 孟子注疏. 北京：北京大学出版社，1999.

［46］中华书局编辑部编. 汉魏古注十三经. 北京：中华书局，1998.

［47］周去非著，杨武泉校. 岭外代答校注. 北京：中华书局，1999.

［48］周去非著，屠友祥校注. 岭外代答. 上海：上海远东出版社，1996.

［49］朱熹. 四书集注. 长沙：岳麓书社，2004.

［50］朱熹. 四书章句集注. 北京：中华书局，1983.

（二）书籍

［1］陈来. 中华文明的核心价值—国学流变与核心价值观. 北京：生活·读书·新知三联书店，2015.

［2］陈青之. 中国教育史. 上海：商务印书馆，1936.

［3］陈少峰. 中国伦理学史. 北京：北京大学出版社，1996.

［4］杜维明. 人性与自我修养. 北京：中国和平出版社，1988.

［5］冯典才. 守望民间—中国民间文化遗产抢救工程. 北京：西苑出版社，2002.

［6］葛晨虹. 德性与教化——儒家德性思想研究. 北京：同心出版社，1998.

［7］广西壮族自治区地方志编纂委员会. 广西通志·教育志. 南宁：广西人民出版社，1995.

［8］广西壮族自治区文物局，南宁文庙博物馆. 广西孔庙. 南宁：广西人民出版社，2012.

［9］黄海云. 清代广西汉文化传播研究. 北京：民族出版社，2009.

［10］黄现璠等. 壮族通史. 南宁：广西民族出版社，1988.

［11］贾志扬. 宋代科举. 台北：东大图书公司，1995.

［12］翦伯赞. 中外历史年表. 北京：中华书局，1961.

［13］焦金鹏. 国学经典诵读丛书：大学. 南昌：二十一世纪出版社，2015.

［14］柯愈春. 清人诗文集总目提要. 北京：北京古籍出版社，2002.

［15］孔祥林等. 世界孔子庙研究. 北京：中央编译出版社，2011.

［16］孔元措. 孔氏祖庭广记. 济南：山东友谊出版社，1989.

［17］梁精华. 广西科举史话. 南宁：广西人民出版社1993.

［18］李启谦. 孔门弟子研究. 济南：齐鲁书社，1987.

［19］龙汉宸. 礼记. 北京：燕山出版社，1997.

［20］罗世敏. 大明山的记忆——骆越古国历史文化研究. 南宁：广西民族出版社2006.

［21］罗世敏主编. 千年写真，南宁史话. 南宁：广西民族出版社，2004.

［22］南宁文庙博物馆. 南宁文庙. 南宁：广西人民出版社，2014.

［23］钱穆. 朱子新学案. 成都：巴蜀书社，1987.

［24］钱穆. 朱子学提纲. 北京：生活·读书·新知三联书店，2002.

［25］许倬云. 中国古代文化的特质. 北京：新星出版社，2006.

［26］杨伯峻. 春秋左传注. 北京：中华书局，1990.

［27］杨伯峻. 论语译注. 北京：中华书局，2006.

［28］杨伯峻. 孟子译注. 北京：中华书局，2008.

［29］杨向奎. 宗周社会与礼乐文明. 北京：人民出版社，1992.

［30］杨新益，梁精华. 广西教育史. 桂林：广西师范大学出版社，1997.

［31］张立文主编. 道. 北京：中国人民大学出版社，1989.

［32］张声震. 壮族麽经布洛陀影印译注. 南宁：广西民族出版社，2004.

［33］张志刚. 山东行知书. 广州：广东旅游出版社，2005.

［34］周恩来. 周恩来选集. 北京：人民出版社，1997.

［35］朱贻庭. 中国传统伦理学史. 上海：华东师范大学出版社，2003.

（三）论文

［1］杜维明. 新儒家人文主义的生态转向：对中国和世界的启发. 中国哲学史，2002（2）.

［2］金中枢. 北宋科举制度研究. 新亚学报，1964（6）.

［3］孔祥林. 孔子庙创建时间考. 孔子研究，2007（6）.

［4］蓝日模，周洪宇. 学庙：地域文化交互中的特殊媒介——以桂越两地文庙为例. 教育科学，2017（3）.

［5］莫杰. 古代的南宁. 学术论坛，1978（1）.

［6］唐荟珺. 南宁文庙建筑群重建项目初探. 南方建筑，2011（6）.

［7］汤勤福，葛金芳. 中华传统礼制内在价值及其现代转换. 文史哲，2018（3）.

［8］徐赣丽. 多元浑融的壮民族民间信仰文化. 广西民族研究，1999（3）.

［9］叶舒宪. 本土文化自觉与"文学""文学史"观反思——西方知识范式对中国本土的创新与误导. 文学评论，2008（6）.

［10］张声震. 壮族历史文化与壮学丛书——壮学丛书总序. 广西民族研究，2003（1）.

［11］张晓旭. 中国孔庙研究专辑. 南方文物，2002（4）.

［12］周洪宇，赵国权. 文庙学：一门值得探究的新兴"学问". 江汉论坛，2016（5）.

［13］黄丹彤. 南宁文庙的文化价值与开发利用研究. 广西大学文学院，2012.

后　记

南宁文庙历经沧桑，一路走来。

以历史演进的视角分析，南宁文庙的发展史既可算是一部南宁文化教育发展简史，亦可谓是南宁文明发展史的重要组成部分。因为南宁文庙之"文"字，除了中华传统的"礼节""仪式"含义外，还有自己独特、深刻的内涵——"文化"与"文明"。南宁文庙之"文化"，是以中华优秀传统文化为主导又融合了以壮族为主的其他少数民族文化的"壮汉文化"。南宁文庙之"文明"，是壮汉两大民族在南宁的文化融合形成进程中有力地推动了南宁的社会进步发展，形成了具有鲜明地域特色的"南宁文明"。"文化"早已融入南宁壮汉等民族血脉之中，"文明"则彰显为南宁人民的人文精神和公序良俗。可见，南宁文庙已成为南宁人民的精神家园，不断地引领一代代的南宁人加强修身律己、提高素养，民族团结巩固边疆，爱国敬业积极进取，不断创造美好生活。

多年来，不管作为一名南宁人民养育成长起来的博士，还是作为一名耕耘在教书育人一线的普通教育工作者，我一直深感自己有责任与义务为南宁的文化教育多做些贡献。2016年接到南宁文庙的研究任务之后，自己既诚惶诚恐又心生敬畏，生怕有负历史、有辱使命，于是专心致志、夜以继日、查找史料、笔耕不断，虽称不上夙兴夜寐，但从不懈怠，尽己所能，力著成书。回顾近五年的研究历程，我感觉到自己得到的远比自己付出的还要多，对南宁文庙的研究，其实是我心灵与南宁历史的一次深度对话，与其说是一次学术的切磋与交流，不如说是一次文化的熏陶和精神的洗礼。本研究使我对中国传统文化的认识程度更加深刻理性，对家乡南宁的历史文化的理解更加清晰准确，从而让自己更加热爱自己的祖国、自己的家乡和和这片土地上的人民。

在南宁文庙研究期间我得到了众多的帮助。广西壮族自治区图书馆古籍档案馆的老师们始终不厌其烦地为研究提供相关的历史资料。2018年6月，我的恩师（博士生导师）华中师范大学教授周洪宇先生利用到南宁出差的间隙，亲临南宁文庙视察，为研究指明方向，提出非常有见地的指导意见，在即将成书之前又亲阅书稿，提出修改建议。河南大学赵国权教授在整个研究过程中给予了大量的指导和帮助，并于2019年12月到南宁文庙实地考察。就读于大连民族大学的儿子蓝书扬，多次协助我到广西壮族自治区图书馆查找史料，并利用2018—2019学年的寒假期间，审阅书稿，勘误校正。2019年春节期间，我的同事邱华章同志传授给我相关的摄影技术，随后又借给我自己心爱的、昂贵的照相机，让我与儿子蓝书扬得以前往南宁文庙拍摄相关图片。我的同事黄伟村同志在我写作文稿的过程中给予电脑编辑的技术帮助。我的妻子雷雨为我的整个研究提供了坚实的后勤保障。此外，山东教育出版社的蒋伟主任、周红心主任、孙文飞与董丁编辑，为此书出版付出诸多心血，在此一并真诚感谢！

蓝日模

2021年3月3日